看看美式"政治正确"

《看看美式"政治正确"》编写组◎编

人民日报出版社
北京

图书在版编目（CIP）数据

看看美式"政治正确" /《看看美式"政治正确"》编写组编. -- 北京：人民日报出版社, 2023.2
ISBN 978-7-5115-7696-5

Ⅰ.①看… Ⅱ.①看… Ⅲ.①政治—研究—美国 Ⅳ.① D771.2

中国国家版本馆 CIP 数据核字 (2023) 第 002172 号

书　　名：	看看美式"政治正确" KANKAN MEISHI "ZHENGZHI ZHENGQUE"
编　　者：	《看看美式"政治正确"》编写组
出 版 人：	刘华新
责任编辑：	程文静　杨晨叶　靳婷云
装帧设计：	元泰书装
出版发行：	人民日报出版社
社　　址：	北京金台西路 2 号
邮政编码：	100733
发行热线：	（010）65369509　65369512　65363531　65363528
邮购热线：	（010）65369530
编辑热线：	（010）65363530
网　　址：	www.peopledailypress.com
经　　销：	新华书店
印　　刷：	大厂回族自治县彩虹印刷有限公司
法律顾问：	北京科宇律师事务所 010-83622312
开　　本：	710mm×1000mm　1/16
字　　数：	185 千字
印　　张：	12.75
版　　次：	2023 年 4 月第 1 版
印　　次：	2023 年 4 月第 1 次印刷
书　　号：	ISBN 978-7-5115-7696-5
定　　价：	48.00 元

目 录
CONTENTS

第一章 美式"政治正确"

/ 深度阅读 /

"政治正确"正加速形成"两个美国" ……… 003

冷战思维致对华强硬成美"政治正确" ……… 010

先制造"新闻",再制造战争:到处打仗的美军,
为何总能给自己披上"正义"的新衣? ……… 017

银幕上的秀场:美军为何到处打人还能摆出正气凛然的姿势? ……… 025

战时新闻管制:让你看到美军想让你看到的战争 ……… 033

/ 拓展阅读 /

美国"战争成瘾症"给世界带来灾难
——必须对美国进行"战争溯源"① ……… 042

军工复合体视战争为谋利手段
——必须对美国进行"战争溯源"② ……… 045

[01]

美国庞大战争机器危及世界安全
——必须对美国进行"战争溯源"③   **048**

大搞"民主输出"贻害无穷
——必须对美国进行"战争溯源"④   **051**

以强权践踏人权的铁证
——必须对美国进行"战争溯源"⑤   **054**

国际规则的最大破坏者
——必须对美国进行"战争溯源"⑥   **057**

独立日,美国当反思如何管好自己   **060**

第二章　美式虚伪若干表现

/ 深度阅读 /

"美式虚伪"侵蚀民众政治权利   **065**

/ 拓展阅读 /

美国应该好好给自己补一补民主课   **072**

美国应正视自身民主问题   **075**

过半数美年轻人认为美国民主"陷入困境"或"失败"   **080**

"杰利蝾螈",美式民主痼疾的缩影   **083**

美邀在逃犯罪嫌疑人参加"民主峰会",是对民主的最大亵渎!   **086**

假"民主"之名分裂世界注定失败   **089**

美国的新国安报告，缺乏新意却充满恶意	092
华盛顿的"友谊"，惊醒了更多的欧洲人	095
美国对自由贸易发起最野蛮的一击	098
把太平洋岛国当"伙伴"，美国是真心的吗？	101
应对气候变化，希望美国动机纯粹一些	104
古特雷斯的这个呼吁，美国不能再敷衍	107
乌克兰的"艰难日子"，华盛顿的人血馒头	110
美政客与媒体的"双簧"还能唱多久？	113
美国在演"苦情戏"，欧洲需擦亮眼睛	116
自私和虚伪是华盛顿的战略底色	119

第三章 美国的人权双标

/ 深度阅读 /

操弄"人权双标"，美在全球制造动荡	125

/ 拓展阅读 /

新冠肺炎死亡超百万，一场不该出现的"国家悲剧" ——美国当深刻检讨自身的人权赤字①	132
控枪无力沉疴难返，枪声击碎美式人权幻象 ——美国当深刻检讨自身的人权赤字②	135

贫富分化加剧社会不公，人权债只会越欠越多
　　——美国当深刻检讨自身的人权赤字③　　　　　　　　*138*

粗暴对待非法移民，暴露"人权卫士"伪善面目
　　——美国当深刻检讨自身的人权赤字④　　　　　　　　*141*

少数族裔"无法呼吸"，种族主义贯穿美国政体
　　——美国当深刻检讨自身的人权赤字⑤　　　　　　　　*144*

放任权力和资本勾结，私营监狱酿造人权悲剧
　　——美国当深刻检讨自身的人权赤字⑥　　　　　　　　*147*

面对"现代奴隶制"不作为，凸显政府责任缺失
　　——美国当深刻检讨自身的人权赤字⑦　　　　　　　　*150*

"黑监狱"滥施酷刑，美国蓄意践踏法治践踏人权
　　——美国当深刻检讨自身的人权赤字⑧　　　　　　　　*153*

美西方的人权"秀"，全球观众看腻了　　　　　　　　　　*156*

"仪式感"解决不了美国人权痼疾　　　　　　　　　　　　*159*

施压巴切莱特，美西方打造不了"人权铁幕"　　　　　　　*162*

美国的"人权报告"，怎么看都像"要价单"　　　　　　　　*165*

附　录　美国民主情况　　　　　　　　　　　　　　　　*169*

第一章

美式"政治正确"

深度阅读

"政治正确"正加速形成"两个美国"

陈子帅　张梦旭　王　硕

编者的话： 美国社会中的"政治正确"发端于20世纪60年代的民权运动，但如果我们把"政治正确"理解为"嘴上一套，背后一套"的"美式虚伪"和"双重标准"则由来已久。比如当年那场本是利益和模式之争的"南北战争"，就被后来的美国历史学家塑造为一场"政治正确"的废除奴隶制之战。如今，企图对语言和行为作出粉饰的美式"政治正确"，依旧撕裂着美国民众的价值观，让"两个美国"加速形成：一方面，涉及少数族裔、女性权利、美式民主及人权的"政治正确"调门居高不下；另一方面，美国政府放纵种族歧视加剧社会不公、背离人道主义制造移民危机等做法也大行其道。与此同时，在意识形态等领域自诩"政治正确"的美国精英群体所制定的相关外交政策，也折射出美国自身的虚伪、高度不负责任以及对外破坏性。《环球时报》推出"深度认知"文章，从多个维度细说美式"政治正确"的虚伪和破坏性。严重双标和虚伪民主的鲜活反衬，不仅让国际社会认清美国日益"混乱、错乱和功能失调"，也映衬出美国霸权衰落的背影。

南北战争并非在道义上实现族裔平权

在美国早期建国的历史中，有着太多"双标"的往事。对印第安人，殖民者一方面肆意杀戮，一方面打着"依法"的幌子抢掠他们的良田沃土；对邻国墨西哥，美国人声称"捍卫人民自由"，派重兵围攻并夺取大片土地。而常被称为"南北战争"的美国内战，更是"政治正确"包装下的一场残酷战争。

2020年初冬，以南北战争为题材的电影《亚特兰大的燃烧》在美国国内上映，在描述北方军队将领谢尔曼火烧南方重镇亚特兰大时，有一个场景是市民问："你们已占领了这座城市，为什么还要烧毁它？要知道我们已经在这里住了30年！"故事的背景是：为了在苦战中取得决定性胜利，1864年春，北方军队在格兰特将军的指挥下，采取新的行动方案——其中谢尔曼将军率领的一支大军奉命要打到敌人的内线去，尽一切可能实施破坏。残酷的扫荡作战从亚特兰大开始。当年9月攻下亚特兰大后，谢尔曼下令放火烧城。成千上万老弱妇幼跪在地上，哀求北方的同胞不要摧毁他们的家园，但都被一脚踢开。亚特兰大各处烈火翻腾，夜空如同白昼，大火在几十公里之外都能看到。11月中旬，谢尔曼又率6万多名军人，放弃全部辎重，向南方进军。

第一章
美式"政治正确"

在一个多月的时间内,北方军队抢光沿途的牲畜和粮食,烧光经过的城镇、村庄、工厂,杀光一切反抗者和带不走的牲畜。这种"三光"行动是刻意为之的,完全无视战场上的道德底线。这种无底线的做法,使得南方联盟城破、财尽、民穷、胆寒,无力继续作战下去。铁石心肠的谢尔曼说:"战争就是地狱!"在南方统治者眼中,谢尔曼就是"美洲大陆的阿提拉(古罗马时期的匈奴王)"。

在南北战争的主战场弗吉尼亚州、马里兰州、宾夕法尼亚州等地,到处都是战争留下的遗迹和墓地。讲述美国南北战争的电影《冷山》里,重现战争残酷性的片段也比比皆是。在统一和分裂的问题上,美国人用这样残酷的战争给出了历史答案,并被史学家写成"为维护国家统一而战,后来演变为一场消灭奴隶制的革命战争"。在外交学院国际关系研究所教授李海东看来:"被西方历史学家塑造出来的美国'政治正确',掩盖了隐藏在内战历史背后深层次的经济分裂与政治贪婪。"表面上,美国内战是确保联邦体制完整性的问题,但实际上是两大利益集团鱼死网破的利益决斗,其目的是让北方工商业群体以资本主义方式来统一整个国内市场。除此之外,北方联邦难以接受在北美大陆出现一个与其实力相对等的政治实体,这也是当今美国外交中典型的"政治正确",即不能接受与其平起平坐的国家的存在。

"美国南北战争的目标是争夺政治和资本利益,为北方工商业资本创造更大发展空间,而非在道义上实现族裔平权。"中国人民大学国家发展与战略研究院研究员、美国研究中心副主任刁大明认为,推翻奴隶制只是美国这场战争的副产品,即便奴隶制被推翻后,非洲裔等少数族裔依然没有得到所谓的平等待遇。甚至可以说,如今来看,美国南北战争只是名义上推翻了奴隶制,非洲裔群体是从一个个白人奴隶主的奴隶变成了整个白人社会的奴隶,这也导致种族歧视长期在美国社会存在。而被历史学家所塑造的美国"政治正确",也只是一种粉饰历史真实性的说辞。

这或许是美国式的"为尊者讳耻"

美国作家威廉·福克纳的很多小说描写了南方社会在南北战争前后一个多世纪间的兴衰,他这样感慨:"历史不会死亡,甚至永远不会结束。"美国作家马克·赫兹加德在《鹰的阴影——为什么美国既令人着迷又遭人痛恨》一书中发出这样的质问:"为什么我们的国家从来没有正视过在其建国时所犯下的罪行,大批印第安人被残酷屠杀,他们的土地被掠夺……"他还写道,即使在20世纪60年代美国在公民权利方面有了很大进步,但媒体还是很难全面真实地反映美国黑人在奴隶制时期所遭受的苦难。

确实如此,在美国,黑白种族的话题一直都十分敏感。比如美国首任总统乔治·华盛顿就是一位奴隶主,但在浩如烟海的有关华盛顿的记载中,这一点仍有意无意地被淡化,这或许就是美国式的"为尊者讳耻"或"政治正确"。曾在美工作多年的《人民日报》高级记者温宪在新著《撕裂的美国——一位常驻美国记者的深度观察》中讲述了自己探访与华盛顿家族有关的伍朗德种植园的经历。据专门研究伍朗德种植园历史的赫尔曼女士介绍,即使该庄园位于北方——离美国首都只有约20公里的弗农山庄,但在南北战争爆发前也拥有过数百名来自西非的奴隶。战争打响后,为防止支持南方的势力搞破坏,种植园组织起地方志愿军,其中也包括被武装起来的当地黑人。赫尔曼

第一章
美式"政治正确"

说,在美国历史上,黑人奴隶的往事常常被有意"淹没"在正史中,对美国内战的研究大都集中在战场、将军和白人身上,很少有人对黑人的故事感兴趣,美国的很多博物馆也没有保存与奴隶有关的遗迹,因为它们的主人不愿意过多展示这段与种族歧视有关的历史。

在一些研究者看来,"政治正确"始于20世纪60年代的美国民权运动时期,起初是指在公共场合不得负面评价包括非洲裔在内的少数族裔、女性、同性恋和持不同信仰者这四大群体。在推动美国社会保护少数人权利方面,"政治正确"的自我约束确实让美国社会取得一定进步,如促成20世纪60年代《民权法案》和《选举权利法案》的颁布。20世纪80年代后,"政治正确"逐渐向身份政治靠拢,成为一些精英人物表达政治主张和文化诉求的"表演",在维护少数群体权益的同时也引发过很多有争议性的现象或事件,如名校"优先照顾"某些少数族裔,让其他族裔感到被"反向歧视",还有的高校老师因言行被指"不够政治正确"而被迫辞职。不少美国人抱怨已被这些所谓的"政治正确"搞得精疲力竭,或只能沉默。他们不愿意看到被政党之争利用、相互攻击的"政治正确",也厌倦了像好莱坞电影或商业广告中那样流于表面的"政治正确"。

中国社科院美国研究所研究员洪源认为,美国人强调"政治正确",是想能在表面上缓解社会不平等和歧视现象,但是在经济基础改善和争取政治权利方面,它并不能帮助绝大多数美国民众突破长期存在的"玻璃天花板",这就是美国社会生活的玄妙之处。很多人谈论"黑人的命也是命"(BLM)运动时首先会想到黑人是被白人绑架进美国充当奴隶,白人奴隶主具有天然的原罪基因,黑人的反抗运动有着深厚的历史因素和正义性。但这样的理解实质是对美国第二次平权、同权运动正义诉求的误识。这场运动是对在经济不平等下黑人遭到政治和法律不平等的反抗，不仅黑人、少数族裔，也有很多白人加入了进来，成为一个以争取族裔平等面目出现的、对各群体政治经济不平等的社会抗争。

美国将变得碎片化，甚至"部落化"

在美国长期生活的人，能感受到完全不同的"两个美国"：一个是光鲜亮丽的白人财团和白人中产的"乡村湖畔海滨之美国"，另一个是被抛弃被无视、自生自灭的黑人等少数族裔的"黑人街区之美国"。曾在美国做访问学者的洪源认为，二者其实在各自独立运转，在教育、医疗、治安、环境、居所、法律、生活方式、政治权利等很多方面存在着巨大差别。这种在"自由、民主、平等、人权"等虚伪顶棚遮盖下的巨大的不平等反差，会使得有过黑人奴隶制历史的美国社会进一步撕裂，成为无法治愈的社会痼疾。

而所谓的"政治正确"加上美国人口结构的变化，进一步加重了白人的担忧，使得美国政治进一步极化。正如有的评论家戏言"美国共和党正成为白人政党，民主党正成为少数人群政党"。也有的专家断定"身份将慢慢取代经济和意识形态，成为美国政治的核心分歧"。这种心理助推了美国国内的白人至上主义、排外主义思潮，助推了美国当前在种族主义问题、难民移民政策、贫富差距等领域的价值观上的分裂。

在刁大明看来，预计到21世纪40年代中期，白人在美国人口中的占比将会跌落至50%以下，拉美裔占25%左右，届时美国将成为

第一章
美式"政治正确"

一个无多数族裔人口结构的国家,这将加剧白人群体对其地位的担忧,也是近年来所谓"大替代"论调泛起、针对少数族裔的极端暴力行为持续飙升的原因所在。如果任其发展,每个族裔都将无所不用其极地捍卫自身权益,强调各自的"政治正确",这势必导致美国的国家认同与社会认同被彻底撕裂与碎片化,甚至变成"部落化"的状态。美国人口结构的变化虽不可逆,但"政治正确"本身束缚了美国通过适当的政策调整来有效回应人口变化的可能性,同时加剧了美国持续面临的困境与社会撕裂。因此,对"政治正确"盲目且不顾他者的一味追求,将导致美国社会的持续撕裂以及催生一系列暴力行为。

李海东同样认为,对美国社会发展和政治"健康"而言,虚伪的"政治正确"将给其带来不利后果。美国"政治正确"是美国社会内部不同利益群体通过争斗与碰撞而产生的一套具有社会共识性的观念、规则或行为模式,美国现有"政治正确"的主要症结在于它并不能解决美国包括族裔矛盾在内的重大难题,难以促进跨族裔融合和加强社会凝聚力,反而加剧了美国现有困局,导致政治极化、社会分裂,表现出较强的虚伪性。可以明确的是,如果美国民粹主义泛滥形成势头、其政治主导地位逐渐牢固,那么美国将会塑造出新的"政治正确"内涵,但这也势必加剧少数族裔的不满,从而催生新矛盾出现。

《环球时报》(2022年10月12日第07版)

看看美式"政治正确"

冷战思维致对华强硬成美"政治正确"

白云怡　陈子帅　李志伟

编者的话："我们不能再对中国软弱""现在是我们反击（中国）的时候了"——随着2022年11月8日美国中期选举的临近，共和党联邦参议员候选人万斯及其民主党对手莱恩争相展示对华强硬。近年来在政治不断极化的美国，对华强硬被认为是两党"最后一个共识"，似乎已经成为美国政界的"政治正确"。隐藏在这股反华逆流背后的，是美国的冷战思维这一难以治愈的"痼疾"，华盛顿妄图通过制造一个外部"威胁"来解释目前的困境并弥合国内不断加深的分裂。然而历史证明，掩耳盗铃和讳疾忌医的结果只能是疾病由腠理深入到骨髓，最终不治。

"逢中必反"怪圈形成

"我想不到还有什么问题能让两党搁置分歧，特别是在竞选年。"对于为什么中国成为美国中期选举的重要议题，加州大学伯克利分校政治学教授舒纽尔给出这样的解释。他道出了近年来美国政界的一个

第一章
美式"政治正确"

怪象——在政治不断极化的背景下,两党几乎在所有议题上都秉持着截然相反的观点,但却在中国相关议题上表现出一致的强硬,这被一些人描述为"华盛顿最后一个共识"。

美国总统拜登上台后曾苦推多项法案,但其中大部分都被共和党"拦截"。只有针对中国的法案,得到两党议员的高度支持,包括旨在遏制中国半导体行业发展的《芯片与科学法案》、限制美企投资中国的《国家关键能力防御法案》等。美国共和党联邦参议员卢比奥表示,在当前政治环境下,很难想象一个反华法案不会得到两党的广泛支持。

美国议员提出的针对中国的法案越来越多。在 1993 年第 103 届国会前,美国每届国会平均提出约 50 项与中国相关的法案。在随后的十多届国会中,这一数字缓慢上升到 100 至 200 之间。到了 2019 年的第 116 届国会,这一数字猛增至 564。与此同时,美国国会此前的法案会包含一些中立甚至友华的内容,但如今通过的法案基本都是诋毁和攻击中国的。

美国智库皮尤研究中心 2020 年的一项调查显示,该国两党的对华负面认知呈现不断攀升的态势,83% 的共和党人和 68% 的民主党人对中国抱有敌对态度。在 2012 年时,两党都仅有略高于 10% 的成员将中国定位为"敌人",而 2020 年,这一数字在民主党内上升至 19%,在共和党内提高到 38%。

美媒援引分析人士的话称,美国总统国家安全事务助理沙利文、国家安全委员会印太事务协调员坎贝尔、国务院亚太事务助理国务卿康达等多名政府要员,都被认为是美国"新生代对华鹰派"。共和党也出现更多对华"鹰派",他们试图将对华强硬注入该党的"血液"之中。

看看美式"政治正确"

美国政界现在几乎"逢中必反"。正如中国人民对外友好协会会长林松添所说,美国出现一股反华逆流,一些政客毒化了民意,民意又绑架了政治,政治再恶化民意,由此形成反华"政治正确"怪圈。

对美国的伤害是多维度的

在美国反华"政治正确"的背后,是其冷战思维以及零和博弈思维。新加坡前总理李光耀曾表示,无论从心理上还是决策上,美国都无法想象世界上有另外一个国家和它一样强大。中国的迅速发展,使其成为美国的"眼中钉",而华盛顿以二元对立、非友皆敌的模式来认识和处理美中关系。在奥巴马任期的最后几年,美国宣布"重返亚太",制衡中国的动作加大。在特朗普任内,中美矛盾突然加剧,从贸易到科技等领域都受波及。拜登上台后,美国对华政策似乎更加强硬。长期以来,美国对华的基本策略之一是在竞争的同时也强调合作,然而白宫2022年10月12日公布的《国家安全战略》似乎压倒性地强调中美竞争。该文件将中国定位为美国"后果最为重大的地缘政治挑战"。这一说法在此前各版《国家安全战略》中均未出现。

"政治活动需要一个'恶棍',以团结不同的、通常充满矛盾的派系。"《华盛顿邮报》曾以此说明美国对华强硬的另一个原因。社会两极分化、政治对立严重,使得"甩锅"以及攻击中国成为美国两党的标准操作。中国人民大学国家发展与战略研究院研究员、美国研究中心副主任刁大明分析说,"政治正确"致使美国倾向于以"外部归因"的逻辑来解决自身问题,使其长期处于"自己生病让别人吃药"的状态。当前,美国的国家认同正处于瓦解状态,因此急于重塑新的"美

第一章
美式"政治正确"

国认同"。在此过程中,美国除了进一步标榜自己"政治正确"并粉饰历史外,还在积极塑造一个能够"团结"美国内部的"外部威胁",并无所不用其极地对这个"外部威胁"进行污蔑,以求内部有分歧的利益团体能够"同仇敌忾"。不过历史表明,这种方式不能从根本上解决美国自身的问题。

反华"政治正确"限制了美国对华政策的选择空间,很多政策被逼到只能在"鹰派"和"极鹰派"之间做选择。一个明显的例子是美国商务部长雷蒙多。2021年1月她的提名尚未获得参议院确认前,雷蒙多拒绝承诺继续将华为列入"实体清单",遭到华盛顿政治圈的广泛批评。在"政治正确"的压迫下,雷蒙多于当年3月表态承诺,华为、中兴等通信公司应被列入清单中。

在这种氛围下,"麦卡锡主义"幽灵再次回到美国。2018年,美国启动臭名昭著的"中国行动计划",矛头直指在美国工作的华裔科研人员以及与中国有交流合作的美国科学家。2021年,全美各大学近2000名学者联名致函该国司法部长质疑该计划,20多个亚裔团体要求停止该计划。

很多分析认为,美国政客鼓噪"中国恐惧症"会陷入"自我实现预言"的怪圈,可能引发灾难性后果。外交学院国际关系研究所教授李海东表示,反华"政治正确"对美国造成的伤害是多维度的。首先,它不利于美国经济社会问题的解决,对中国的过度关注可能导致美国忽略本国最重要的任务,并加剧其内外政策走偏,"比如,由于这种'政治正确',两党都很难削减或取消对华加征的关税,这就导致美国的高通胀难以得到缓解;再比如,美国同中国在气候变化、核不扩散、打击毒品走私等领域的合作都处于中止状态,强硬反华的态度不仅无助于这些严重困扰美国的问题得到解决，反而会让其更加恶化"。

"事实上，对中国商品加征关税是对美国消费者利益的重大损害，对于这一点，拜登政府一直心知肚明，他们迟迟无法也不愿取消这些关税，只能说是出于邪恶且愚蠢的政治考量。"中国社科院中美关系专家吕祥说，"逢中必反"的政治风气对中美经贸关系和美国经济造成的伤害是深远且持久的。

其次，对华强硬也会扩大美国与其盟友和伙伴间的分歧。在李海东看来，华盛顿想要盟友配合美国的对华政策，同中国进行没有妥协空间的战略竞争，但美国的大部分盟友和伙伴都与中国在经济上相互依赖，在国际事务上也有需要相互支持的议题，华盛顿几乎没有一个盟友和伙伴认同中国是"事关生死存亡的威胁"这一观点。"美国的对华政策并没有充分考虑到亚太地区国家巨大的共同经济利益"，美国《外交政策》杂志援引该国前驻华大使芮效俭的话称，这些国家并不愿意在中美间选边站。在亚洲国家看来，美国对中国"本能的敌意"增加了冲突风险，而这将损害该地区所有国家的利益。对中国"反应过度"的美国虽然展现了强势，却"削弱了亚洲国家对华盛顿能够以符合它们利益的方式处理与中国关系的信心"。

李海东认为，对华强硬还可能造成美国政府与企业之间的关系紧张。美国政府希望在经济领域同中国"脱钩"，并在政策上朝此方向推进。不过，美国是一个以私营企业为主体的经济体，对企业来说，哪里有利润就会去哪里。如果美国政府强制该国企业脱离中国市场，势必损害企业的经济利益，也损害美国自身的经济实力。吕祥以科技领域为例分析称，美国正试图对中国半导体产业进行"精准打击"，这当然会对中国的发展产生负面影响，"但我们要看到，虽然美国在该领域的上游拥有技术优势，但这种优势必须有市场才能长久存在。华盛顿的相关政策对美国的半导体企业同样造成严重伤害，这也是为什么从去年年底到现在，高通、英伟达、英特尔等美国主要半导体企业的估价持续剧烈下跌。毫无疑问，这显示出市场信心的极度缺失"。

媒体和学者呼吁加强对话

对于反华这一"政治正确"带来的影响，美国一些媒体和学者已经开始反思。"妖魔化中国、虚伪地批评中国违反所谓的'基于规则的秩序'，还有零和思维下的'民主VS威权'框架，这无助于促进美国的利益。"美国《外交政策》杂志2021年9月援引卡内基国际和平研究院高级研究员史文的话称，美国国内的对华强硬言行和政策只会加强中国人民对中国政府的支持，并使美国的盟友和伙伴远离华盛顿，同时破坏美国本应与中国保持的"有明确红线的、相互克制的、创造性的外交关系"。美中关系全国委员会主席斯蒂芬·欧伦斯同样表达了对美国反华政治的忧虑。他直言，美国当下的国内政治比过去42年都更敌对中国，"这不符合美国人民的利益"。2019年，美国近百位学者与政商界人士致信时任总统特朗普与国会议员，表示"敌视中国对美国无益"。他们强调，中国的参与对当今国际体系的存续至关重要，也是有效应对诸如气候变化等共同问题的必要条件。用零和博弈思维对待中国，可能分裂国际体系并损害西方的利益。

很多美国人士呼吁加强中美对话。2022年7月，美国保险业"教父"格林伯格在《华尔街日报》上发文，称自己代表美国14位政商界人士宣布成立特别小组，推动美中加强对话。部分美国学者认为，具体问题具体解决是"重启"中美关系的一种方法。

在李海东看来,美国要走出反华"政治正确"怪圈,最有效的方式是遭遇严重挫折。他解释说,回看美国的外交史,其对外政策的重大转变几乎都是在遭遇严重挫折后出现的,越南战争、阿富汗战争都是引发过华盛顿反思的典型案例。"极端的反华政策或许还要在相当长的时间内推行下去。"李海东说,只有感受到切肤之痛,美国才有可能思考如何纠正错误政策。他表示,对中国而言,最有效的应对方式就是坚定不移做好自己的事情,确保总体国力持续增长以及经济持续繁荣,"美国是一个'尊重'实力的国家。只要中国拥有足够的实力,美国就会在制定对华政策时更加谨慎,进而为调整反华'政治正确'提供某种条件"。

《环球时报》(2022年10月19日第07版)

第一章
美式"政治正确"

先制造"新闻",再制造战争:到处打仗的美军,为何总能给自己披上"正义"的新衣?

赵 恺

作为美国霸权的支柱,到处打仗的美军极为擅长给自己披上"正义"的外衣,为自己找出站在道德高点的战争理由,引导舆论把美军塑造成为"正义"的化身,将美军在海外的杀伐包装得合情合理。美国政府称这项能力为国家"软实力"。

民意?独立战争前后的舆论暗战

谈及美国独立建国的历史,话题的主角一定是乔治·华盛顿。但实际上,在他背后还有一股力量在推动独立战争——掌握新闻媒体话语权的本杰明·富兰克林及其同行们。

美国独立战争爆发前,富兰克林已经在费城拥有了自己的印刷厂、一份名为《宾夕法尼亚报》的报纸,以及一本《穷理查年鉴》,甚至一座私人图书馆。凭借社会名流、著名作家的身份,富兰克林被选举为宾夕法尼亚州议会秘书和费城副邮务长。他利用这份职权垄断了纸张和油墨的销售。

看看美式"政治正确"

1765年2月9日，英国议会通过了《印花税法》。印花税是一种古老的税种，它最初主要针对的是日常经济生活中使用契约、借贷凭证之类的单据。但英国政府为了广开税源，竟要求北美十三个殖民地的所有印刷品都必须交纳印花税，连扑克牌都不能幸免。印花税让靠报纸吃饭的富兰克林等一众出版商都坐不住了。

作为出版利益集团的代表，富兰克林首先跳出来反对《印花税法》。掌握着舆论工具的富兰克林和他的同行利用手中的报纸大造声势，喊出了征印花税就是"向知识征税"的口号，一时间，北美殖民地呈现出群情汹涌的态势。

北美殖民地的民意被点燃后，英国方面气急败坏地在1774年颁布五项苛刻法令，统称为"强制法案"（Coercive Acts），被殖民地人称为"不可容忍法令"（Intolerable Acts）。与此同时，英国封锁波士顿港口，增派军队……

独立战争爆发后，托马斯·潘恩发表了一本50页的小册子——《常识》，书中公开提出美国独立问题。这本小册子立即引起轰动，在人口仅250万的殖民地，最终共售出50多万册。潘恩的《常识》只是一个小册子，但发挥的战争动员作用抵得上一支军队，成功将英军推向美洲殖民地民众的对立面。

开战理由：美国舆论战的雏形

先制造舆论、煽动民意，后开动战争——后世的美国当权者把独立战争时期的舆论战演变为美式战争的必选动作。

1823年，国力日渐强盛的美国趁势提出《门罗宣言》，强行把美

第一章
美式"政治正确"

洲划定为美国的势力范围,并很快将目光锁定在早已日薄西山的西班牙及其殖民地——古巴。

一切不利于西班牙的新闻都成为当时美国报纸的重要主题,报业大亨威廉·赫斯特事后公开承认,他花费了近百万美元大力煽动民众对西班牙的反感。

《纽约新闻报》(1895年11月被赫斯特收购)报道了一则古巴少女克莱门希·阿让(Clemencia Arango)被殖民当局驱逐出境的新闻,文内配图是一名少女裸露的背部,衣服被两个色眯眯的西班牙官员扒了下来。

这则新闻果然引起了轰动,成功培养起美国民众仇视西班牙、支持美国参战的情绪。而事后证明,当时对女孩搜身的其实是女警。

另一则新闻是,西班牙政府对一位17岁少女西斯内罗斯(Evangelina Cosio y Cisneros)判处20年监禁,理由是她企图色诱西班牙驻古巴松树岛军长贝利兹,并伺机行刺。但她本人则声称自己的父亲、古巴反叛军领袖奥古斯丁·科西奥(Augustin Cosio)因抗议西班牙当局即将被关押到监狱中,因此与贝利兹产生了争执。为此,《纽约新闻报》用了375篇专栏连篇累牍地报道,将其塑造成中世纪式的少女勇斗反抗恶人强暴的形象,并派人将其营救到美国。成为名人的她,甚至受到了时任美国总统威廉·麦金莱的接见。

随着有关古巴岛上关押反对者的"集中营"、西班牙殖民政府屠杀进步人士等新闻频繁出现在美国报纸的头版头条,"塔西陀效应"成功形成,此后,无论西班牙政府在古巴实行什么政策,都令美国民众无法接受。

1898年1月12日,古巴哈瓦那发生了反政府暴动,美国政府派

看看美式"政治正确"

出主力舰"缅因"号在没有通知西班牙的情况下,前往古巴保护侨民,停靠在哈瓦那港。1898年2月15日21时40分,"缅因"号突然爆炸。战舰前侧三分之一的船体被瞬间炸掉,剩余的残骸则迅速沉入海底,全舰355名船员中,260人因爆炸或落水身亡,另有6人伤重不治离世。消息传到华盛顿,美国政府当即展开调查,并在第二天给出了一份由军火专家菲利普·阿尔杰出具的有关"缅因"号煤仓自燃、爆炸沉没的事故报告。

尽管这份报告出自美国海军,却很快遭到美国海军部副部长西奥多·罗斯福的实名反对。特别值得注意的是罗斯福的措辞:"阿尔杰先生不可能对事故一无所知。该部门所有最优秀的人都同意,无论是否可能,这艘船肯定有可能被水雷炸毁。"这段话看似非常权威,实则没有引用任何专家的意见和事实证据,武断地认定"缅因"号是被水雷炸沉。

或许,正是考虑到西奥多·罗斯福的话难以服众,美国新闻界迅速行动起来,最著名的要数赫斯特旗下的《纽约新闻报》和约瑟夫·普利策(后来设立了普利策新闻奖)的《纽约世界报》,他们迅速派出大批记者前往哈瓦那进行实地采访,赫斯特更悬赏5万美元,誓要揪出炸毁"缅因"号的幕后黑手。

这些记者最终也没有挖掘出什么有用的信息,但平均每天八页半的新闻、社论和图片,成功将"缅因"号沉没事件推上美国舆论的风口浪尖。普利策自己都认为,没人会真的相信西班牙人策划了炸毁"缅因"号的阴谋,但哈瓦那政府未能保障到访的美国海军主力舰的安全,是难辞其咎的"背叛和松懈",因此,为了"赎罪",西班牙应该立即承认古巴独立,以告慰那些与"缅因"号同沉的美国海军官兵。

第一章
美式"政治正确"

普利策的说法很有影响力。4月20日,美国国会两院联合决议支持古巴独立并通过要求西班牙撤军的相关议案。美国总统随即向西班牙提交4月23日必须给出满意答复的最后通牒。就这样,一场意外被舆论说成"阴谋",一场阴谋则被歪曲成"正义",一场列强间的利益争夺战,被披上了"除暴安良"的外衣。就在西班牙人尚未做出决定之前,4月22日,美国海军已经对古巴各主要港口实施封锁,无奈之下的西班牙人只能于4月24日主动向美国宣战。实力悬殊的"美西战争"由此拉开序幕。

延续了4个月的美西战争被称为"报纸的战争"或者"赫斯特的战争",最终,西班牙承认古巴独立,被迫把关岛和波多黎各割让给美国;同时,西班牙人还以2000万美元的价格将菲律宾群岛主权转让给美国。这场战争之后,美国正式走出北美大陆,开始向大西洋和太平洋伸出双手,并正式加入了帝国主义列强的俱乐部。

参战的筹码:一战中的美国舆论战

但是,此时的美国虽羽翼丰满,却依旧不敢正面挑战欧洲列强中第一梯队的四个大国——英国、法国、德国和沙皇俄国。正因为清楚自己能力的界限,美国在初期始终保持着谨小慎微的中立态度,甚至到1916年大选中,民主党候选人威尔逊打出的竞选口号还是"他让我们远离战争"。

第一次世界大战打到1917年,英法与德国拼得元气大伤,二月革命葬送了罗曼诺夫王朝,美国突然意识到——自己的机会来了!

1917年2月1日,德国海军重启"无限制潜艇战",击沉悬挂有

看看美式"政治正确"

美国国旗的"伊利诺斯"号油轮等多艘美国船只,美国先是表示不满,随即又截获了德国外交大臣齐默尔曼发给德国驻墨大使的电报,宣称德国政府正在竭力唆使墨西哥对美宣战。

这两个新闻被报出来后,美国对德宣战便水到渠成。1917年4月6日,伍德罗·威尔逊总统正式代表美国向德国宣战,为了树立美军的"正义"形象,威尔逊将美军参战理由解释为"以战制战",即美军参战是为了拯救处于危机中的民主制度,换取新的世界和平,因此,美国之所以不再"中立",不是"趁火打劫"而是"维护和平"。

但要动员数以百万计的青壮年投入欧洲战场的"绞肉机"中显然不是一句简单口号能解决的。对德宣战仅一周后,威尔逊政府成立了一个专门的机构——"公共情报委员会"(Committee on Public Information,简写:CPI),由威尔逊竞选团队核心成员、资深记者乔治·克里尔领导,名义上主要工作是"积极改善新闻报道业务",实则是不遗余力地操控新闻和舆论。

在克里尔的领导下,"公共情报委员会"迅速扩张成一个拥有15万人的庞大机构,包括讲演、广告、电影等多个部门。其中,讲演部门招募了7.5万名专家宣传威尔逊的理念。"公共情报委员会"的广告部门则见缝插针地在众多杂志、报纸上发布广告,把美国参加一战包装成正义的举动,以激起美国人的战争热情,刺激战争债券的认购和招募新兵。整个一战期间,"公共情报委员会"开展了美国史上空前的宣传活动,共散发1亿多份宣传材料,发布6000多份新闻稿,对3亿人次发表了75万次演讲,制作了20多万张幻灯片,首开美国"宣传攻势"之先河。

除了"公共情报委员会"这种政府机构,美国私营报纸也全力投

第一章
美式"政治正确"

身到这场舆论战之中——罗得岛州《普罗维登斯日报》主编拉索姆不断用各种来路不明的"小道消息"恐吓美国民众。这些文章真假参半，有些基于事实，多数时候则纯属捏造。但正是这些耸人听闻的"新闻"，挑动了美国民众的心弦，让他们的情绪被完全调动起来，相信敌人是邪恶的、美国是正义的、牺牲是必要的。主编拉索姆为自己打造了"超级侦探"的人设，并沉迷其中，他把所谓的线人提供的消息说成是自己以及《普罗维登斯日报》记者们的大胆报道。有一次他还表示，自己的团队已经破解了德国的密码，能直接读到德国的外交信件。战争期间，拉索姆把自己打扮成社会名流，在全美各地发表演说，主旨是吹捧自己以及《普罗维登斯日报》在促使美国参战的过程中起到的关键作用。这是美国首次参加全球性大战，各大媒体正好需要找个英雄人物吹捧，拉索姆被媒体选中，获得了崇高的名望，甚至连当时的总统威尔逊对他也颇感兴趣。

"公共情报委员会"还不断尝试利用节日和新兴电影媒介来进行战争宣传。美军参战后不久，1917年6月14日，"公共情报委员会"利用"国旗日"的契机，描绘了一幅美国士兵扛着星条旗上战场、最后血淋淋死在战场上的画面。此外，"公共情报委员会"还资助了《皇帝：柏林的野兽》《普鲁士的诅咒》等一系列反德电影。受这些电影影响，美国很多民众深深厌恶德皇威廉二世，甚至有一家药店在烧毁威廉二世的肖像后，向公众免费发放苏打水以示庆祝。这些战争宣传很快殃及了德裔移民，美国一些州和城市开始驱逐他们，禁止学校教授德语，并严禁演奏德国音乐。

在"公共情报委员会"铺天盖地的宣传攻势下，美国国内很快形成了一种支持战争便是"政治正确"的氛围。只要不支持战争，就意味着反对，就等同于懦弱和卖国。战争支持者焚毁一些和平教派的教堂，向和平主义者泼油漆，殴打德裔移民，甚至给一些拒绝购买战争债券的人扣上"软弱""卖国"的罪名。

"公共情报委员会"通过选择性加工和对德国针对性丑化的模式，成功让民众为仇恨所驱使，投身到残酷的第一次世界大战中。此后的历次战争中，美国在政府宣传部门与新闻机构的默契配合下，精心包装，甚至以假乱真，用精致的宣传形式和巧妙设计的内容影响民众心理，美军被包装成为正义的化身、拯救世界的力量，实则是多次践踏正义、荼毒生灵，播撒战争的幽灵。

《国家人文历史》（2022 年 06 月 28 日微信订阅号刊发）

参考文献：

[1]《美国通史（六卷本）》人民出版社，刘绪贻、杨生茂等编著，2002 年 10 月版。

[2]《普利策传》中国财政经济出版社，[美]丹尼斯·布里安著，2004 年 12 月版。

[3]《美国战争史》新华出版社，[美]保罗·艾德伍德著，2013 年 7 月版。

[4] A History of American Literature and Culture of the First World War, Cambridge University Press, Tim Dayton, 2021.

第一章
美式"政治正确"

银幕上的秀场：美军为何到处打人还能摆出正气凛然的姿势？

赵 恺

从《巴顿将军》《壮志凌云》到"美国队长"，在美式文化产品中，美军被频繁塑造成"英雄"，而其对手几乎必然是十恶不赦的坏蛋。比如《星球大战》系列中，邪恶的维德勋爵一方的服装是普鲁士风格；电子游戏《红色警戒》中，苏联一方的各种设定也十分残忍……从好莱坞电影到美版游戏，美国借助强大的娱乐工业向全世界人民灌输美军的英雄形象。

被改写的过去：好莱坞电影扭曲历史

军事题材是美国电影的重要制片对象。在不断的试错中，好莱坞逐渐找到了此类题材中"美式英雄+乱世男女"的"流量密码"。只要观众对这两大元素产生共鸣和共情，那么剩下的时代背景、是非曲直便可以随意编排甚至公然夹带私货，比较典型的例子当属1960年约翰·韦恩自导自演的《边城英烈传》。

《边城英烈传》的历史背景是美墨战争前夕的一场边境冲突——

看看美式"政治正确"

阿拉莫攻防战。历史上,美国趁着墨西哥政局动荡而怂恿得克萨斯地区的美国移民发动武装暴动。1836年3月2日,在美国的一手策划下,得克萨斯宣布独立,建立了傀儡国家"孤星共和国"。来自美国田纳西州的山姆·休斯敦将军,当选为孤星共和国首任总统。

为了维护自身主权和领土完整,墨西哥出动六千人的军队北上平叛。1836年3月6日,墨西哥军队包围美国移民据守的小城阿拉莫。本应挺身而出的休斯敦却打着北上接应美国援军的旗号溜之大吉,只剩下26岁的塔拉维斯少尉与冒险家鲍文和克拉克,带领不到两百人的民兵武装守城。

经过13天交战,墨西哥军队成功占领阿拉莫。墨西哥维护主权的行动,经过电影的"妙笔生花",变成了衬托美军自由意志下勇气和牺牲精神的反派行径。这场小规模的战斗被多次拍成电影,除了《边城英烈传》,还有2004年丹尼斯·奎德主演的《围城13天:阿拉莫战役》。

这些电影中,美军方面的塔拉维斯少尉等可谓足智多谋,与之相比,来犯的墨西哥军队则是形象丑陋、举止猥琐。如果仅仅通过银幕形象去了解这段历史,很容易得出墨西哥军阀十恶不赦、美国人是受害者的结论。可真实历史明明是美国吞并了墨西哥的大片领土!至于得克萨斯州缘何从墨西哥独立,到底是谁侵略了谁,这些实打实的历史问题很少有人去关心。这种好莱坞式的"历史虚无主义"随着娱乐工业的行销,让全世界的观众在电影院里被潜移默化地影响,认定了主人公(美国)一方是正义的英雄,他们的敌人无比残忍和邪恶。

第一章
美式"政治正确"

主角与配角：好莱坞独特的二战史观

美国电影选材广泛，几乎涵盖了"上下两百多年"的全部美国历史，其中，美国参与第二次世界大战的短短几年，更是极受好莱坞关注。究其原因，无非是二战直接奠定了美国在当今国际政治格局中的地位。掌握了对二战进程的解释权，从某种意义上来说，也就掌握了对今天国际政治格局的解释权。

为了长期垄断对二战历史进程的解释权，好莱坞以一种极其功利的心态编排战争中的盟友和敌方，如冷战开始后为了拉拢德国和日本参与对苏联和中国的围堵，好莱坞不断在影视剧中为纳粹德国和昭和军阀涂脂抹粉，而在战争中与其并肩作战的中国和苏联却逐渐被选择性遗忘。

战争期间，中美共同对日作战。当时，米高梅电影公司根据美国作家赛珍珠的同名小说改编出品了反映中国抗日战争敌后战场的《龙种》。然而，战争结束短短几年后，中美很快分道扬镳，此后数十年中，美国银幕上再无中国参与抗战的元素。

美军在二战战场上的霸屏，让在第二次世界大战中发挥重要作用的苏联和中国逐渐被西方世界遗忘，好像是美军一家打败了整个轴心国。与此同时，反映苏德战场的电影《兵临城下》，虽然将镜头对准了苏联军队，但影片中对苏军的描写仍然是模式化的——群被驱赶着送死的没有经过良好训练的士兵，对自己人冷酷无情的督战队和心怀恶意只会搞政治的政委，处处是无谓的牺牲、无能的指挥。这些电影对二战中苏联军队的丑化，可见一斑。

走出越战谷底：好莱坞与美军走到了一起

20世纪80年代，尚未走出越战阴霾的美军，在美国民众眼里形象不佳，当兵是件令年轻人丢脸的事。美国军方利用好莱坞为自己打气，在军方的大力协助下，正处于"颜值巅峰"的汤姆·克鲁斯出演了电影《壮志凌云》中的主人公——美国海军飞行员麦德林，电影中还出现了5个中队的现役F-14战斗机与8名现役飞行员，以及"突击者"号、"企业"号与"卡尔·文森"号航空母舰。如此下血本地拍摄，让这部电影一度红遍全球，不仅为美国海军航空兵解决了"招飞"问题，更在全世界面前树立了美军飞行员风流潇洒的银幕形象。

《壮志凌云》之后，美军入侵了巴拿马，又主导了第一次海湾战争。一系列的大获全胜令其真正走出了越战阴影，美军在西方世界又成了战无不胜的象征。在伊拉克战争和阿富汗战争初期，美军长驱直入，但之后陷入了久拖不决的治安战中，处境不利。但好莱坞依旧不遗余力地转换视角，为美军在舆论上"脱困"。如2010年一举斩获奥斯卡最佳影片、最佳导演、最佳剧本等6项大奖的《拆弹部队》，核心思想便是将美国对伊拉克的侵略和控制，描绘成了一场文明拯救愚昧的"武装扶贫"。

通过在奥斯卡颁奖典礼上对《拆弹部队》的吹嘘和褒奖，好莱坞很快收获了千金买骨的奇效。在此后数年中，如《美国狙击手》《12勇士》等反映美军在"反恐战争"中"英勇"表现的电影不断涌现。美军摇身一变，又成了文明正义的"天使"，成了打击"恶霸"、救助弱势群体的"好人"。

美军通过电影审查机制，严格控制电影中出现军队的负面内容和影像。军方不满意的情节、角色等也必须进行调整，否则国防部将拒绝提供任何支持。随着战争电影的制作规模越来越大，拍军事题材不但要有钱，还需要军队支持场地和装备。拍摄《变形金刚2》时，剧组在白沙导弹试验场拍摄长达两个多月。军队直接动用了10架战机、10辆悍马、2辆坦克和跳伞队。在美国国防部娱乐媒体办公室网站上，可以查到各类武器装备的租用价格。租用一架E-4B空中指挥飞机的价格为7.2万美元/小时；一架B-1B远程轰炸机的价格为5.1万美元/小时；一架AH-64武装攻击直升机的租用价格为1.1万美元/小时；一架F-16C战斗机的租用价格为8000美元/小时。在军方的支持下，大量美军最新现役武器、基地纷纷出现在好莱坞电影中，成为军方的形象广告。电影《壮志凌云》被称为"美国海军有史以来最贵的征兵广告宣传片"，《变形金刚2》则又向前迈了一步：在大洋中看守威震天的是SSN-754"托皮卡"号"洛杉矶"级核动力攻击潜艇；运送擎天柱尸体的是CH-47支奴干中型运输直升机；最后出场的是B1-B枪骑兵轰炸机，该机几乎灭了霸天虎，近20种武器华丽登场，俨然一场浓妆艳抹的武器秀。

在美国军方的影响下，好莱坞悄悄在电影中注入了政治目的：塑造英雄角色的同时，也在塑造着美军的虚幻形象。

潜移默化：超级英雄和电子游戏的渗透

在电影中，美军被塑造成保卫地球的主要力量，屡屡大战外星人。如电影《独立日》中，失去了能量护盾的外星飞碟，机动性能还不如美军 F-18 型战斗机。在电影《超级战舰》之中，外星文明跨越光年尺度降临地球的太空母舰也扛不住"密苏里"级战列舰那 406 毫米的"老炮"一击。在动漫版本中战力完全碾压人类军队的变形金刚，在大银幕上也不是美军特种兵的对手。甚至连刀枪不入的合体金刚"大力神"也被美军以电磁炮远程轰杀，可谓"打遍宇宙无敌手"。只是在哥斯拉一类的超强生物面前，美军才稍逊风骚，被打得毫无还手之力。不过，考虑到美国在正规军之外还有诸多如"神盾局"一类的秘密机构、大量身怀异能的民间人士，区区几只哥斯拉和"泰坦"显然也掀不起什么风浪。这些好莱坞科幻片和超级英雄电影，表面上似乎与美军关系不大，但实际上，电影中的主人公往往是美军的代表或化身，比如帅气的肌肉男美国队长，普通观众在观影后不知不觉便成了美军的"忠粉"。

随着互联网时代的到来，美国在意识形态领域的渗透不再局限于电影、电视剧等传统领域，电子游戏在一定程度上也在替美军做"文化输出"。

1999 年，美国陆军成立了"美国陆军政府应用办公室"，聘请了游戏业内的高手来编写供美军和其他政府机构使用的模拟训练软件，这一办公室被视为美军首个电子游戏"工厂"。美军发现，电子游戏是一种绝佳的形象宣传手段。因为美军在国内总是完不成征兵限额，21 世纪初，出于征兵目的，美军花了 600 多万美元开发了游戏《美国陆军》以宣传陆军形象。游戏公司只有在游戏里刻画美军的良好形象才能获得支持，否则就会遭到打压。在《荣誉勋章》《近距离作战》这些以二战为背景的电子游戏中，美军被塑造成反法西斯独裁的斗士、被侵略国家的解放者，激发了玩家对美国军队的"敬仰之情"。

第一章
美式"政治正确"

不过,最值得一提的是曾经很火的《红色警戒》系列。《红色警戒》全名为《命令与征服:红色警戒》,从属于《命令与征服》系列。1996年,美国著名游戏公司发行这款游戏,最初在 WIN95 上运行,游戏启动程序名为"RA95.exe",因此也被玩家称为"红警95"。

《红色警戒》的故事背景是在第二次世界大战后,爱因斯坦发明了时光机器,回到了过去,干预了年轻时阿道夫·希特勒的存在并成功将他抹去,改写了历史。然而,事情并没有那么简单,因为历史上希特勒所领导的纳粹德国不复存在,苏联急速扩张,俨然成为另一个"法西斯国家"。在游戏中,美、英、法、德被迫组成盟军来对抗苏联。这一历史设定,把在反法西斯战争中贡献和牺牲极大的苏联,塑造成一个比纳粹德国还要邪恶的存在,用心不可谓不险恶。

《红色警戒》系列对许多玩家都是一款能铭记于心的"RTS"(即时战略)游戏,甚至可能是其"RTS"启蒙之作。游戏主线内容围绕着红(苏联为首)、蓝(美国为首)双方之间的对抗展开。虽然游戏本身十分经典,但不可否认从游戏的名字到其中的人物及武器设定,都具有鲜明的意识形态色彩。比如,红色(苏联)一方被设定为利用核废渣改造武器以及制造控制他人心理的变种人"尤里"的邪恶势力。

伊拉克战争开始后不久,美军就提出"文化中心战",认为文化是影响战争胜负的深层次因素,甚至比火力杀伤更有威力,因此要重视利用媒体和文艺形式,通过结成军事同盟、了解对手意图、赢得对方民众支持等方式,取得战争胜利。这种套路匹配文化工业和媒体集团的支持,屡试不爽。美军与好莱坞电影公司以及游戏公司的结盟,利用文化工业的产品掩盖了美国其实是二战以来实施战争最多的国家的真相，利用英雄偶像掩盖了战争的残忍，正如影评人劳伦斯·斯维德所说："好莱坞电影是美军最有力的辩护媒体。"

《国家人文历史》（2022 年 06 月 30 日微信订阅号刊发）

参考文献：

[1]《美国文化与外交》世界知识出版社，王晓德著，2000 年 3 月版。

[2]《美国电影艺术史》中国传媒大学出版社，蔡卫、游飞著，2009 年 10 月版。

[3]《从电脑游戏红色警戒看美国的文化渗透》，韩源，《思想理论教育导刊》2004 年第 3 期。

[4]《胶片中的美军与"掌镜者"好莱坞》，耿桂珍、章岩，《军营文化天地》2015 年第 4 期。

[5]《电子游戏：网络时代美军战略传播利器》，宋伟琳、牟珊，《军营文化天地》2015 第 11 期。

第一章
美式"政治正确"

战时新闻管制：让你看到美军想让你看到的战争

赵 恺

"军事行动中的头等大事是不让敌人得到任何有价值的情报，而报界和广播界的头等大事则是尽可能扩大宣传。"艾森豪威尔这句话看似是在说军事行动和新闻宣传两件事，但仔细分析却不难发现，在美式战争状态下，军事行动与新闻宣传犹如一个硬币的两面。

挥舞的大棒：美国新闻管制制度

"战时新闻政策"可追溯到16世纪的英国，在独立战争中为美国所沿袭，并在南北战争中逐渐趋于成熟。为了应对南方邦联的挑战，北方的联邦政府迅速设置了由陆军主管的新闻检查制度，并要求所有战地记者在发稿前必须把稿件提交宪兵司令部批准。

在这一制度的保驾护航下，陆军将领威廉·特库赛·谢尔曼率北方精锐骑兵突袭亚特兰大，引发了一系列人道主义危机，却在此后相当长的时间内无人提及。当然，也有一些刺头需要剔除，比如《芝加哥日报》的主编威尔伯·斯托里，因为对《解放黑人奴隶宣言》大放厥词，一度被美国军方封了报馆。不过三天之后，林肯总统便原谅了他。

如果说美国"战时新闻政策"在南北战争中还只是针对泄密和某些"不当"言论，而到了第一次世界大战，该项政策可被看作美国政府全面管制新闻的滥觞。1917年6月，美国总统威尔逊签署《间谍法》（Espionage Act of 1917），明确规定："凡故意制造企图干扰陆、海军军事行动的虚假报道或错误言论，以及企图在武装部队内部挑动不忠或妨碍征兵的，均将被处以高额罚款或监禁……"

《间谍法》为美国政府实施强制性的新闻检查提供了法律背书，却被美国邮政总局滥用，成了砍向国内左翼政党和反战团体的一把利刃。以违反《间谍法》为由，美国邮政总局先后剥夺了美国境内各大德文报刊、美国左翼党派的机关报和工会刊物的邮寄权。很多报纸甚至只是刊登几幅反战漫画，便被取消了邮寄权。

《间谍法》实施后的很短时间内，全美便有44家报纸丧失了邮寄权。美国政府并未就此满足，很快又根据《与敌贸易法》，对所有海外通讯的信件和电报进行强制检查。随着1918年5月16日《煽动法》（Sedition Act of 1918）的出台，美国政府更有了将"对美国政府、其国旗或武装部队使用'不忠、亵渎、粗俗或辱骂性的语言'，或导致其他人蔑视美国政府或其机构的"言论视为犯罪的法理基础，触犯该法令的人甚至会被判处5到20年监禁。

最终在美国参与第一次世界大战后的一年多时间里，全美总计有877人因触犯《煽动法》被判有罪。即便在战争结束后，相关法案依旧沿用至1921年，在此期间，美国政府将新闻分为危险的、可疑的和普通的三类，以实施差异化管理手段。

第一章
美式"政治正确"

信息巨兽：二战中的美国"战时新闻局"

1941年12月7日，日本海军航空兵对珍珠港发动空袭，已然跃跃欲试的美国政府终于有了加入第二次世界大战的合理理由。但战争初期，美军在太平洋战场上始终处于被动挨打的不利局面，为了不挫伤美国军民好不容易凝聚起来的士气，罗斯福开始采取更为严格的新闻管制措施。

1941年12月19日，美国政府依照《第一战争权力法》（The First War Powers Act）设立了新闻检查局（The Office of Censorship）并由美联社执行新闻主编拜伦·普赖斯亲自挂帅，带领一万四千余名工作人员，开始对美国与其他国家之间的往来邮件、电报和无线电通信展开强制性检查。

为了最大限度抹去不利于战局的消息，美国政府于1942年1月15日颁布了《美国报刊战时行为规约》（Code of Wartime Practices for the American Press），明确要求所有印刷品不得刊登有关军队、飞机、舰艇、战时生产、武器、军事设施乃至有关天气的"不适当"信息。此后，美国政府又发布了类似《美国广播界战时行为规约》，将这方面的禁令又进一步扩大至广播电台。

虽然新闻检查局也会发布战时消息并引导舆论，但整体来说，这个机构的作用更多是在检查美国国民与外界的通讯往来，抹杀那些对美国不利的战时新闻，如果将新闻和舆论也比喻成一场战争，新闻检查局无疑是一个偏重防御的机构，而真正为美国政府在宣传领域全力出击的则是埃尔默·戴维斯领导的"战时新闻局"。

看看美式"政治正确"

埃尔默·戴维斯在《纽约时报》任职超过十年，此后又担任哥伦比亚广播公司的新闻评论员，而他所领导的战时新闻局本质上也是一个专业发布战争新闻的编辑部。对此，戴维斯本人曾这样总结道："战时新闻局的任务是，不仅使美国人民知道战争的进展，也要使他们知道战争是怎样发生的、发展前途是什么，以及（除了国家生存之外）希望从胜利中获得什么。"

相较于新闻检查局的庞大规模，战时新闻局的雇员并不算太多。巅峰状态下，整个机构仅有50名专职记者和250名其他雇员。但凭借着与各类通讯社、广播网的密切联系，以及遍布全球的办事处，战时新闻局能够迅速获取来自战场的第一手信息，这些信息会第一时间传输至充当决策者角色的综合新闻编辑部，随后再进一步发送到国内和国际新闻部、广播新闻部、图片部和特稿部。

经由那些在新闻领域摸爬滚打多年的编辑记者之手，战时新闻局每天向海外发送65000字的战争新闻、邮寄几十万字的特稿材料，通过航空邮递和无线电传递出2500张相关图片，此外，还向社论撰稿人、漫画家和专栏作家提供政府所需宣传和报道对象的背景材料。

除了战时新闻局，美军还向《纽约时报》《纽约先驱论坛报》《芝加哥每日新闻报》《时代》《生活》《新闻周刊》派出1646名相关人员。正是在这些人员的督促和推动之下，美国报纸和电台很快掀起一波战时报道的高潮。

全面失控：越战中的美国新闻管控制度

随着第二次世界大战的结束，新闻检查局和战时新闻局先后被解

第一章
美式"政治正确"

散。此后冷战开启,美国则改由国防部和武装部队自行管理与各大新闻媒体之间的关系,实施战地新闻检查制度。

朝鲜战争初期,善于包装自己的麦克阿瑟将军携二战胜利之威,认为美军"天兵一到,蝼蚁自逃",且他自诩在新闻界颇多故交,是以对那些跟随美国军队由日本前往朝鲜的大牌记者大开绿灯,摆好姿势享受媒体赋予的光环。麦克阿瑟成功发动了仁川登陆,与之关系默契的新闻媒体大肆鼓吹,最终促成麦克阿瑟"一战封神"。但随着中国人民志愿军的参战,以美军为首的"联合国军"在朝鲜战场上接连失利和败退。大量有关长津湖等战役的报道,令美国军队颜面扫地。面对新闻媒体的批评,麦克阿瑟气急败坏,一改对媒体大开绿灯的做派,要求美国政府迅速实施全面的、正式的、强制性的新闻检查制度。

1951年1月,为了维系美国军队的正面形象,美国政府要求所有有关朝鲜战场的报道不能出现损害"联合国军"士气或者令美国及其盟国和中立国感到为难的一切言论。按照五角大楼给出的条例,如果有记者严重违背相关条例,可能会被送上军事法庭。对此,记者们吐槽:按照这个标准,"撤退"一词也应改成"朝后方进军"。朝鲜战争后,擅于在报端或影视中营造自己光辉形象的美军却安安静静,好像这场战争没有发生一样。

物极必反,美军在朝鲜战争中对新闻从业者的高压管制,最终在另一场战争中遭到强烈反噬。1965年,美国全面介入越南战争,大批美国记者也跟随美军的脚步纷至沓来。美国记者可以乘坐直升机深入战场,亲眼看见美军及其盟友对平民的无差别攻击、深陷战争泥潭的无力和遭遇伏击后的惨状。这些来自前线的照片即便带有主观修饰和倾向,也会给身处后方的美国民众以强烈的视觉和精神冲击。媒体上更新的美军伤亡数字，更令美国政府颇为尴尬。因此，在 1968 年 1 月北越方面发动"春节攻势"后，美国不断加大对战地新闻的检查力度，甚至在 1970 年入侵之前一度实行了全面的新闻封锁。

管制升级：冷战后期美国新闻管控手段

越战之后，美国的一些军政要人从政治、外交、军事等方面全方位地思考了这场"错误"的战争。在总结中，美国军方对越战时期的"新闻失控"有着切肤之痛，因此美军军队和媒体的关系以及美军今后如何管制战时新闻活动成为军方和媒体讨论的焦点。

1983 年入侵格林纳达是越战后美军的第一场低烈度战争。虽然两方军事实力相差悬殊，但美军还是摆出一副"狮子搏兔"之姿。在新闻管制方面，美军的做法可谓空前严厉，在作战的初始阶段，禁止任何记者进入格林纳达进行战地报道。

2003 年伊拉克战争时期，美国对全球媒体的控制可谓登峰造极，美国全国广播公司（NBC）在开战前一年就在佛罗里达州设立了实验基地，提前进行一系列的技术测试，以求通过提高新闻图像画面的质量提高收视率，达到传播政府声音和引导受众的目的。美军推出了"嵌入式"报道，把全球各国战地记者编入美军作战单位，与美军士兵同吃同住，就地发稿。这项"创新"极易让各国记者丢失客观性、受美军单一信源的影响，使战地新闻变成美军战纪。美军将新闻舆论完全置于自己的控制之下，使其成为美化自己、妖魔化敌人、瓦解敌方士气、争取舆论主导权和国际支援的新战场。这一阶段，美国除了对己方的电视新闻报道进行特殊管控之外，还对中立国家和敌方的新闻媒

第一章
美式"政治正确"

体实施定向压制,甚至在必要时通过远程精确打击等手段来摧毁敌方的电视台和转播站等新闻机构。正是依靠雄厚的物质基础,美国在开战前就形成了能打舆论战的力量,并确立了新闻垄断地位。

科索沃战争期间,以美国为首的北约联军曾野蛮轰炸南联盟广播电视台大楼,造成16名记者和工作人员不幸遇难。美军还精确"误炸"了中国驻南联盟大使馆,造成3名中国记者死亡和20余人受伤。南联盟解体后,美国方面更粗暴地下令塞尔维亚电视台全文播发北约要员的某些讲话,否则将没收其相关的电视台设备。

冷战结束后,美国作为唯一的超级大国,一度利用其在国际上的政治经济主导地位,对世界各国的新闻媒体进行舆论引导,企图把世界传媒变成自己的口舌,把己方的声音传播到世界的每一个角落,把对手的音量降到最低。

越战结束后到21世纪初,美国对战时新闻的控制手段,已经完成了从严格监控到顺应引导的升级,虽然在旷日持久的"反恐战争"中,美军徒劳无功,但依旧被塑造成帮助当地人民摆脱贫困落后和蒙昧的"正义使者",把侵略战争涂抹成"民主与正义"的眷顾。同时,久拖不决的战争消耗,令美国国力有所衰退,但在最近发生的几场高技术局部战争中,美国依旧凭借自身的信息技术和军事力量优势,充分发挥传媒特有的渗透力、负载力、攻击力,不断升级和强化新闻造势和控制,牢牢把握全球新闻传播权,为战时政治、经济和军事手段加持,以争取国内外支持,实现战争目的。是以,"新闻舆论战"已经成为美国对外武装干涉的一种全新的作战方式。

在网络时代,为确保在全球网络舆论战中取得主动,美军于2008年建立国防媒体局(Defense Media Activity),下辖广播电视服务部、

看看美式"政治正确"

新闻出版服务部和国防视觉信息服务部,主要传播平台是 AFN 广播电视网,通过 9 颗卫星第一时间向全球发布信息。美各军兵种、驻外部队和主要军事基地设媒体中心、报刊等。美国防部还打造了美军 YouTube 频道、空军 Wiki 通道、陆军 Flickr、驻伊多国部队 Facebook 等,以此来强化美军战时网络舆论操控能力。

2011 年 7 月 14 日,美国防部高级计划研究局公布了"社交媒体战略传播"(SMISC)项目。该项目有两个目的:一是帮助美军更好地了解在美军部署地域的网络社交媒体上实时发生的热点事件;二是帮助美军在社交网络上实施大规模的媒体宣传战。此外美军还组织专职部队,每天 24 小时与其认定的"不准确"舆情信息进行网络对抗。美军高层越来越看重在网络空间先发制人的重要性。美原陆军上将彼得雷乌斯指出,利用社交媒体"第一个掌握事情真相"具有重大的战略意义,应"无情地打信息战"。可以说,在网络时代,美国利用自身的国际互联网平台优势,早已着手开展新的舆论战。

《国家人文历史》(2022 年 06 月 29 日微信订阅号刊发)

参考文献:

[1]《美国新闻史》,中国人民大学出版社,[美]迈克尔·埃默里著,2009 年 5 月版。

[2]《反思肯尼迪王朝——肯尼迪、越南战争和美国的政治文化》,上海译文出版社,[美]诺姆·乔姆斯基著,2006 年 4 月版。

[3]《信息战原理与实战》,电子工业出版社,[美]沃尔兹著,2004 年 1 月版。

[4]《美国战争史》新华出版社,[美]保罗·艾特伍德著,2013年7月版。

[5]《战争目光——美军网络舆论斗争策略分析》,王世卓,《军事文摘》2019年第21期。

[6]《战略传播视角下美军的社交媒体运用》,张喜燕、严兴平,《新闻爱好者》2012第4期。

看看美式"政治正确"

拓展阅读

美国"战争成瘾症"给世界带来灾难
——必须对美国进行"战争溯源" ①

钟 声

> 对美国肆意发动的战争恶果和幕后推手进行调查追责,这是国际公道正义的要求,也是对历史、对未来负责任之举

2021年是阿富汗战争爆发20周年,也是利比亚战争、叙利亚战争爆发10周年。这一系列战争都和美国滥用武力、穷兵黩武有关,美国是冲突升级的最大推手,对战争造成的人道主义灾难负有不可推卸的责任。尽管美国总是以种种借口为其对外发动战争进行辩护,但事实充分证明,美国是一个患上"战争成瘾症"的霸权国家,是全球和平稳定的最大风险源。

第一章
美式"政治正确"

美国历史学家保罗·阿特伍德指出："美国的历史是充满战争和扩张的历史……战争是美国人的生活方式。"建国 240 多年的历史中，美国仅有 16 年没有打仗。二战之后，美国成为超级大国，发动战争的冲动更加难以抑制。据不完全统计，从 1945 年二战结束到 2001 年，世界上 153 个地区发生了 248 次武装冲突，其中美国发起的就有 201 场，约占 81%。英国政治和国际关系学者汤姆·福迪认为，美国打着各种旗号发动战争，是真正威胁世界和平的罪魁祸首。即使有些战争的硝烟早已散去，但战争给有关国家留下满目疮痍，给地区安全格局造成严重后果，至今仍无法弥合、修补。据估计，美国在越南至少还有 80 万吨可爆炸的战争遗留物，按照目前速度，需要 300 年才能清除干净。

进入新世纪以来，国际形势发生深刻演变，国际社会对和平的呼声更加强烈，但美国从未停下对外发动战争的脚步。从阿富汗战争、伊拉克战争，到利比亚战争、叙利亚战争，美国的战争机器一直在高速运转。"如果说 21 世纪初有哪个国家在寻求称霸世界、胁迫他国、藐视规则的话，那就是美国。"《纽约时报》2020 年 10 月的一篇专栏文章写道。据美国《史密森学会杂志》统计，2001 年以来，美国以"反恐"之名发动的战争和开展的军事行动涉及了"这个星球上约 40% 的国家"。美国布朗大学"战争代价"项目数据显示，这些所谓"反恐"战争已经夺去超过 80 万人的生命，令超过 3800 万人流离失所，耗费超过 8 万亿美元。2021 年夏天，美军仓促撤出阿富汗造成的混乱令世人震惊。这场历时 20 年的战争，给阿富汗人民带来深重灾难，10 多万平民在美军及其盟军的枪炮之下伤亡，1000 多万人流离失所。美军最终不负责任地一走了之，阿富汗人民却要长期面对战争造成的创伤。

美国对外发动战争、挑起冲突造成的巨大灾难,本应成为美国的警醒剂。然而,这个对外发动战争成瘾的超级大国,至今没有做出认真反思,更没有拿出改弦更张的勇气。"美国治下的和平""人权高于主权""干预的责任""基于规则的国际秩序"……美国在为其战争行径寻找"合法性"方面费尽心机,目的就是要逃避国际社会对其追责。然而,无论美国如何操弄话术,都无法弥补战争造成的巨大生命损失,无法抹去战争给无数家庭留下的深重伤痕,无法改变战争给他国造成的动荡失序,无法掩盖战争给地区安全格局造成的长期困境。"美国应当反思自己战争机器的恶劣影响。"巴林《祖国报》刊文指出。

当今世界,和平、发展、合作、共赢已成为时代潮流。美国逆潮流而动,动辄以"民主""人权"之名行对外干涉之实,依旧热衷于大搞霸权主义和强权政治。国际社会必须对美国进行"战争溯源",对其肆意发动的战争恶果和幕后推手进行调查追责,这是国际公道正义的要求,也是对历史、对未来负责任之举。

《人民日报》(2021年12月06日第03版)

军工复合体视战争为谋利手段
——必须对美国进行"战争溯源"②

钟 声

> 为了给军火生意创造刚性需求,美国军工复合体热衷于将美国的对外政策往战争冲突的方向推,给世界制造了一场又一场灾难

多年来,美国政府财政赤字日渐加剧,军费开支却屡创新高。军费逆势上涨的背后,是美国军工复合体的巨大影响力。纵观美国历史,军工复合体这一强势利益集团屡屡绑架政治决策,将发动战争视为谋利手段,给世界制造了一场又一场灾难。

"战争对于美国来说是笔大生意。"美国美利坚大学历史学教授彼得·库兹尼克一针见血地指出。为了给军火生意创造刚性需求,美国军工复合体热衷于将美国的对外政策往战争冲突的方向推。"在贪婪的美国政客和企业的驱使下,美国夺走了阿富汗20年的稳定和安宁。在这场伤亡惨重的战争中,美国军工复合体是唯一赢家。"《巴基斯坦

看看美式"政治正确"

观察家报》刊文指出，美国发动并维持战争的决定是由那些希望尽可能延长战争时间的既得利益者主导。根据美国独立智库安全政策改革研究所发布的阿富汗战争主要受益者名单，美国五大军火巨头——洛克希德·马丁公司、雷神公司、通用动力公司、波音公司和诺思罗普·格鲁曼公司，从美国政府为阿富汗战争投入的资金中分得的金额高达 2.02 万亿美元。

美国军火巨头从阿富汗战争中攫取巨额利润，折射出军工复合体在美国由来已久的特殊存在。二战期间，美国庞大的战争机器与经济体系之间产生结构性关联，形成了由美国军队、军工企业、政界人士、科研机构等组成的庞大利益集团。1961 年，美国总统艾森豪威尔在离任演说中发出警示，"强大的军事组织和巨大的军火工业的联姻是美国历史进程中的一个新现象，在每一个城市、每个州的议事机构、联邦政府的每个办公室都能感受到它的总体影响"，"我们必须防止军工复合体有意或无意地获得不应当有的影响力"。然而，在随后的几十年中，军工复合体的影响不仅没有受到抑制，反而深度渗透到美国的决策过程中。通用动力公司董事长诺瓦科维奇 2021 年 4 月的一席话，暴露出美国军工复合体趁乱渔利的本性："今年是一个非常好的开端。虽然对人类而言，世界已变得越来越危险，但我们已经看到需求稳定的良好信号。"

美国军工企业斥巨资游说美国政客并为其竞选活动捐款，资助所谓政策专家，以维持于己有利的政策话语，早已是公开的秘密。这些军工企业的代表还频繁利用"旋转门"进入关键决策部门。有统计数据显示，今天美国政坛上活跃着 4000 多个军工复合体的游说集团。军工复合体不但有能力确保自身利益不受政府更迭的影响，而且往往

第一章
美式"政治正确"

能够阻止要动其蛋糕的政府决策,哪怕这些决策是符合公共利益的。美国反战组织"不战而胜"主管埃丽卡·费恩批评,美国政府无节制地为军火商提供资源,牺牲的是对本国公共产品的投资,增加的是战争风险,于己于人都没有好处。

为确保军火生意始终有旺盛需求,美国军工复合体不断推动政府树立"假想敌",甚至不惜制造恐惧,挑起事端。美国国内早有分析指出,美国打着维护"国家安全"、促进"民主""自由"的幌子满世界寻找敌人,背后就有军工复合体的利益驱动。美国对苏联"遏制战略"策划者乔治·凯南晚年在一次演讲中坦言,"假如没有俄国人……作为我们黩武有理的根据,我们还会想出另一些敌手来代替他们。"冷战结束后,美国接连发动科索沃战争、阿富汗战争、伊拉克战争等,美国的军火商也借机赚得盆满钵满。

长期以来,为了一己私利,美国军工复合体一再将战争包装为美国对外政策的"合理选项",给他国人民带来无尽伤痛,给世界造成动荡和不安。人们不禁要问:美国高谈阔论的"国际责任"在哪里?美国总是挂在嘴边的"人权"在哪里?美国所谓的"民主"又在哪里?

《人民日报》(2021年12月11日第03版)

看看美式"政治正确"

美国庞大战争机器危及世界安全
——必须对美国进行"战争溯源"③

钟 声

> 美国继续痴迷于"拳头的力量"、沉溺于"丛林法则",只会让自己站到历史进步的对立面,让更多人看清其霸权主义的真面目

美国国防部日前公布"全球态势评估"报告,声称将加强在关岛和澳大利亚的军事基础设施。该报告充斥冷战思维,是美国由来已久的霸权思维的体现,也是美国以军事手段维护美式霸权的惯性使然。长期以来,美国在全球大肆炫耀武力,屡屡对其他国家搞军事施压,甚至不惜挑起战争冲突,根本目的就是维护美式霸权。

在美国的词典中,"战争"一直与"霸权"相伴相生。翻开美国不长的历史,从西进运动到美墨战争再到美西战争,一系列对外扩张伴随美国早期发展的历程。第二次世界大战结束后,美国成为世界上综合实力最强的国家,战争更是成为美国维护自身霸权的重要工具。

第一章
美式"政治正确"

朝鲜战争、越南战争、巴拿马战争、科索沃战争、阿富汗战争、伊拉克战争、利比亚战争、叙利亚战争……美国维护霸权的野心，滋生出一场场对外战争。即使是战争失败的巨大代价，也没有抑制美国的战争冲动。美国《国家利益》杂志援引美国传统基金会防务项目高级研究员达科塔·伍德的话说，美国平均每15年就卷入一场战争。从亚洲到美洲，从欧洲到非洲，美国的战争黑手伸向哪里，哪里便不得安宁。

为维护自身霸权，美国维持着庞大的战争机器，甚至建立起遍布全球的军事基地网络。1945年以来，美国在70多个国家建立了近800个军事基地，并不断强化军事存在。仅在中东地区，就有超过7万美军长期驻扎，并部署有航母战斗群、隐形战机、战略核潜艇等先进军事装备，时刻保持所谓的"战略威慑"。美国专栏作家大卫·韦恩在其著作《美国海外军事基地：它们如何危害全世界》中指出，美国的海外军事基地加剧了地缘政治紧张，实际上让世界和美国变得更加不安全。

2021年是冷战结束30周年，但美国对外政策从未摆脱冷战思维的影响，对军事手段的依赖也从未降低。30年来，美国始终维持全球军力部署，为谋求自身绝对安全，不惜损害他国正当安全利益；美国不断寻找"假想敌"，渲染外部威胁，不惜挑动大国对抗的风险；美国一再倚仗超强军事实力，或直接发动战争，或大打代理人战争，或寻找各种借口干涉他国内政，屡屡制造安全危机和人道主义灾难。美国反战组织"粉色代码"发布的报告显示，过去20年，美国及其盟国平均每天投下40多枚炸弹和导弹，造成难以计数的人员伤亡。美国《洛杉矶时报》评论指出，美国陶醉于自己在冷战之后的强权里，自

看看美式"政治正确"

私地专注于自己的政治和利益。

国际格局调整正处于十字路口，国际关系民主化是大势所趋，建设一个远离恐惧、普遍安全的世界是国际社会的广泛诉求。然而，美国所作所为与世界大势背道而驰。不断升级核武库，降低核武器使用门槛；组建外空军，成立外空司令部，加速开展外空武器试验；加强在亚太地区的军力部署，拉拢盟友搞军事施压……瑞典斯德哥尔摩国际和平研究所发布的2020年全球军费开支趋势报告显示，美国军费开支常年高居世界第一，即使面临经济危机和财政困难，其2020年军费仍比上年增长4.4%，在全球军费总支出中的占比接近40%。

当前，各国人民对和平发展的期盼更加殷切，对公平正义的呼声更加强烈，对合作共赢的追求更加坚定。美国继续痴迷于"拳头的力量"、沉溺于"丛林法则"，只会让自己站到历史进步的对立面，让更多人看清其霸权主义的真面目。

《人民日报》（2021年12月12日第06版）

第一章
美式"政治正确"

大搞"民主输出"贻害无穷
——必须对美国进行"战争溯源"④

钟 声

> 环顾被美国强行输出"民主"的国家和地区,民主难觅踪迹,混乱、停滞和人道主义灾难却随处可见

近来,揭露美国打着"民主"旗号进行军事干涉、杀戮无辜平民的视频在网上十分火爆,美国举办的所谓"领导人民主峰会"相关的视频播放流量却十分惨淡,两者形成鲜明对比。长期以来,美国以"民主教师爷"自居,在世界上大搞"民主输出"。历史和现实一再证明,强行输出、移植美式民主贻害无穷,美式民主所到之地,众多国家和地区深陷动荡、冲突和战争泥潭,造成巨大的人道主义灾难。

"华盛顿统治世界的野心,其驱动力不是来自更深层次的民主或自由、更加公正的世界、结束贫穷或暴力,或者更适宜居住的星球,而是来自经济和意识形态。"美国外交学者威廉·布鲁姆在《民主:美国最致命的输出》一书中指出,美国的对外扩张与"民主输出"密切

相关。长期以来,"民主输出"成为美国对外政策的"专属招牌",印刻其上的黑历史不胜枚举。据统计,二战结束以来,美国试图推翻50多个外国政府,粗暴干涉至少30个国家的选举,试图暗杀50多位外国领导人。美国《外交》杂志网站文章指出,美国的外交政策以"民主"的名义加剧了全球的民主危机。

冷战结束后,各国普遍希望走出意识形态对抗,独立探索符合自身国情的发展道路,但美国依然热衷于搞"民主输出"。在武力入侵阿富汗、伊拉克等国时,美国都曾假"民主"之名美化战争。2003年起,东欧、中亚地区接连发生格鲁吉亚"玫瑰革命"、乌克兰"橙色革命"和吉尔吉斯斯坦"郁金香革命",美国国务院公开承认在其中发挥了"中心作用"。始于2010年的"阿拉伯之春"造成整个中东地区局势强烈震荡,美国扮演了幕后"操盘手"的角色。美国还长期把经济援助和"民主移植"挂钩,通过其主导的国际金融机构向一些发展中国家施压。

环顾被美国强行输出"民主"的国家和地区,民主难觅踪迹,混乱、停滞和人道主义灾难却随处可见。《纽约时报》文章曾如此美化美国2003年发动的伊拉克战争:"伊拉克战争是自'马歇尔计划'以来,美国最重要的一个推广美国民主、自由、革命的计划,是美国在国外尝试进行的最宏伟的事情之一。"但战争的后果却是,20万至25万伊拉克平民死亡,其中美军直接致死超过1.6万人,100多万人无家可归。美军留下的贫铀弹等武器,在伊拉克境内留下了能够持续数十年的放射性污染。有中东地区媒体指出,美式民主除了在中东播下死亡和破坏的种子外,没有留下任何有价值的东西。曾任美国总统副国家安全顾问的本·罗兹撰文承认,如果没有美国的干预,利比亚、

第一章
美式"政治正确"

伊拉克、阿富汗和索马里情况可能会更好。

美国大搞"民主输出"不断制造恶果,但至今仍未改弦更张,背后有着复杂的因素在起作用。一方面,这是因为美国看待民主的视线是失真的。正如美国政治学家迈克尔·帕伦蒂所指出的,多年下来,美国已经戴着"民主"的有色眼镜摘不下来了。一种莫名的优越感,让美国站在所谓"山巅之城"上,毫无根据地将自身民主视为"国际样板",固执地对他国指手画脚。另一方面,美国热衷于搞"民主输出"并非真的关心民主,而是为了维护美式霸权。就像美国前总统克林顿所说:"在世界上保卫自由和促进民主并不只是我们最深刻的价值观的反映,这些都对我们的国家利益至关重要。"

民主是全人类共同价值,不是美式霸权的工具和武器。当今世界,多极化是大势所趋,国际关系民主化是不可阻挡的时代潮流。美国应切实恪守以联合国宪章为基础的国际关系基本准则,停止打着"民主"旗号维护美式霸权,停止输出动荡和人道主义灾难。

《人民日报》(2021年12月18日第03版)

看看美式"政治正确"
KAN KAN MEI SHI "ZHENG ZHI ZHENG QUE"

以强权践踏人权的铁证
——必须对美国进行"战争溯源"⑤

钟 声

> 当美国在世界上大谈"人权"的时候，那些死于美军枪口下的无辜民众的冤屈却无处申诉，这就是美国鼓吹的"人权"带给世界的残酷现实

2021年8月29日，美军在撤离阿富汗前对所谓"极端组织"发动无人机空袭，导致阿富汗一个十口之家的3名成人和7名儿童死亡。事件真相公布后，引起人们极大愤慨。然而，就在人们苦苦等待美国政府给阿富汗人民一个交代之时，美国国防部近日公然表示，没有美军成员会因这次无人机空袭致平民死亡事件面临纪律处分。这一令人瞠目的结果足以体现出一个"战争成瘾"的超级大国面对战争责任时的傲慢、霸道和虚伪。

美国长期将"人权高于主权""人道主义干预"等口号挂在嘴边，肆意对他国发动战争。但残酷的事实一再证明，美国发动的战争带给

第一章
美式"政治正确"

他国人民的只有痛苦，带给世界的只有人道主义负担。1999年3月，以美国为首的北约开始对南联盟进行狂轰滥炸，50多天内，轰炸次数1.2万次，投下1万多吨炸药，发射3000多枚导弹，造成数以千计的无辜平民惨遭杀害，无数家庭亲人离散。美国长达20年的阿富汗战争，导致4.7万多名阿富汗平民以及6.6万至6.9万名阿富汗军警丧生。在叙利亚，仅2016年至2019年期间，有统计死于战乱的平民就达3万多人，其中美国领导的联军轰炸直接致死3833人，有半数是妇女和儿童。冰冷的数据背后，是不计其数的人间惨剧，是数代人难以摆脱的心灵伤痛。这些都是美国以强权践踏人权的铁证。

"现在，我不再喜欢蓝天，而开始喜欢灰色天空，因为天空晴朗后，无人机就会回来，我们又会生活在恐惧中。"2013年10月，巴基斯坦14岁男孩竹拜尔在美国国会控诉美军罪行。一年前，他目睹美军无人机杀害了自己的祖母。这是2001年以来美军在其他国家发动的超9万次空袭中的一次，这些空袭导致约4.8万名平民丧生。据美国媒体报道，仅美军对叙利亚拉卡市发动的所谓"史上最精确的空袭"，就导致1600名平民被炸死。然而，被披露的平民伤亡事件只是冰山一角，还有不少严重的伤害平民事件被美军有意掩盖了起来。据《纽约时报》报道，美军2019年3月在叙利亚巴格兹镇的一次空袭导致64名平民死亡，以美军为首的联军事后用推土机推平了轰炸现场。当美国在世界上大谈"人权"的时候，那些死于美军枪口下的无辜民众的冤屈却无处申诉，这就是美国鼓吹的"人权"带给世界的残酷现实。

美军在他国投下的每一枚炸弹，给他国人民带去的都是血和泪。美国为发动战争给出的各种说辞，不过是逃避战争罪行的幌子，"维护人权"从来不是美国对外动武的真正驱动力。美国学者罗伯特·基

看看美式"政治正确"

欧汉指出,自"9·11"事件以来,美国进入了一个以极力使用前所未有的政治和军事权力为特征的新时期。只要认为哪里威胁其霸权私利,哪里有战略利益可图,美国就将战争铁拳挥向哪里。由此带来的可怕人道主义灾难,总是由其他国家来承担。

在美国的政治词典里,"霸权"高于"人权"。然而,美国以所谓"民主""人权"为借口在世界上恣意妄为的时代已经结束。对美军在世界各地滥杀无辜平民的战争罪行进行调查追责是国际社会的责任。我们相信,正义或许会迟到,但绝不会缺席。

《人民日报》(2021年12月19日第03版)

第一章
美式"政治正确"

国际规则的最大破坏者
——必须对美国进行"战争溯源"⑥

钟 声

> 无视国际规则,以霸权践踏国际规则,这是美国的典型做派。维护以联合国为核心的国际体系、以国际法为基础的国际秩序、以联合国宪章宗旨和原则为核心的国际关系基本准则,这是国际社会的普遍共识

《联合国宪章》明确规定:"各会员国在其国际关系上不得使用威胁或武力,或以与联合国宗旨不符之任何其他方法,侵害任何会员国或国家之领土完整或政治独立。"然而,长期以"国际规则维护者"自居的美国,却动辄对外搞政治干涉、发动战争。美国所作所为表明,其口中的规则,只是让别国屈从于美国霸权的工具,美国才是国际规则的最大破坏者。

二战结束以来,美国自恃超级大国,为维护霸权私利,屡屡对外发动战争。为了让战争机器不受国际规则的约束,美国常常绕开联合

国安理会,全然不顾其他国家甚至盟友的反对。美国为发动战争所编织的借口也是五花八门,甚至不惜以虚假情报糊弄世人。1999年,以美国为首的北约打着"避免人道主义灾难"的旗号,公然绕过联合国安理会,对南联盟进行长达78天的持续轰炸。2003年,美国不顾国际社会的普遍反对,以一小瓶白色粉末作为化学武器"证据"发动伊拉克战争。在叙利亚,美国以"白头盔"组织摆拍视频为"证据"发动空袭。无视国际规则,以霸权践踏国际规则,这是美国的典型做派。

美国还频繁将国内法凌驾于国际法之上,对其他主权国家实施"长臂管辖",造成相关国家经济面临严重困难,甚至出现人道主义危机,其破坏性不亚于战争。新冠肺炎疫情发生以来,委内瑞拉、叙利亚、伊朗、古巴等国因受到美国制裁,经济状况和医疗条件恶化,抗疫形势十分严峻。伊朗前总统鲁哈尼控诉美国试图为伊朗购买食品和药品制造障碍,指责其残酷、非人道的恐怖主义行径。古巴国家主席迪亚斯—卡内尔抨击美国正挑起"危险的国际分裂",其行径具有"强烈的种族主义影响和霸权意图"。

美国肆意破坏国际规则,却从未想过要为自身行为负责。2002年,美国颁布《美国军人保护法》,企图以该法保护美军人员免受国际起诉。国际人权联盟常驻国际刑事法院代表拉克尔·略伦特指出:"从一开始,他们就试图逃避责任"。2020年3月,国际刑事法院宣布调查美军在阿富汗的战争罪和反人类罪。当年9月,美国国务院就宣布对发起这次调查的国际刑事法院检察官法图·本苏达实施单边制裁,冻结向其提供支持的个人和实体在美国的资产。这种赤裸裸的霸道行径,即使在美国盟友中也引发广泛批评。

"美国人说他们希望国际体系保持稳定,但他们常常是稳定的最

第一章
美式"政治正确"

大阻碍。他们赞扬国际法和国际制度的优点，随后又毫不犹豫地违反和无视它们。"美国布鲁金斯学会高级研究员罗伯特·卡根在《美国缔造的世界》一书中如是指出。美国要求其他国家遵守所谓"基于规则的国际秩序"，自己却唯我独尊，将一己私利凌驾于以联合国为核心的国际体系之上，凌驾于以国际法为基础的国际秩序之上。这种合则用、不合则弃的"规则观"，是典型的双重标准，完全是霸权主义和强权政治的过时产物。

世界正经历百年未有之大变局，维护以联合国为核心的国际体系、以国际法为基础的国际秩序、以联合国宪章宗旨和原则为核心的国际关系基本准则，这是国际社会的普遍共识。美国哈佛大学教授格雷厄姆·艾利森在《外交》杂志上撰文指出："单极世界已经过去，那种以为其他国家只会等着在美国主导的国际秩序中被分配位置的幻觉也应随之破灭。"美国应该清醒并正视世界变化的现实。

《人民日报》（2021年12月20日第03版）

独立日,美国当反思如何管好自己

环球时报社评

2022年7月4日,是美国第246个独立日。但在独立日前夕,占据美国新闻报道大量篇幅的,是诸如被警察开枪射中"至少60次"的黑人司机之死、遭强奸怀孕的10岁女孩不得不跨州堕胎等消息,它们听起来本不应该存在于"文明的发达社会",但这些都的确是当前美国社会面临危机的具体征兆。

在一年前的独立日讲话中,美国总统拜登"充满信心"地表示,"美国正在团结起来"。然而一年过去了,人们看到的是一个更加分裂、困惑和混乱的美国。显而易见,美国长期积累的深层次问题,正到达集中爆发期。大规模枪击事件、政治极化、贫富差距、族群冲突、激烈党争、女性权益等问题,在新冠肺炎疫情和严重通货膨胀的叠加催化、强化之下,都达到了令人触目惊心的程度。

最近,联邦最高法院连续三个判决,进一步撕开了美国枪支暴力、女性堕胎权利的社会创口,暴露了华盛顿内部在应对气候变化问题上的严重分歧,它们被普遍认为是对自由民主的严重侵犯,是人权和文

第一章
美式"政治正确"

明的倒退,让很多人感到不安、愤怒甚至恐惧。还有人断言,新的文化战争和价值观战争在美国已经事实上发生了。从外部来看,现在美国就像是深一脚浅一脚的摇摆巨人,随时可能因失去平衡而在地球上乱踩一气。

尽管如此,美国仍在竭力给自己所谓的"领导力"形象打卡充值。近来,拜登的外交足迹从美国洛杉矶的美洲峰会,经过德国埃尔茂城堡的G7峰会,再到西班牙马德里的北约峰会,行程超过一万公里。然而,虽然美国政府对外极力表现"领导力",但对世界来说,更大的问号是美国还有没有能力领导自己?

这些年美国最热衷的,还是对外转移风险、转嫁矛盾。许多华盛顿精英把攻击包括中国在内的其他国家,当成了掩盖内部矛盾、激发社会忠诚的法宝。于是,批评中国成了华盛顿的"政治正确",骂中国成了美国的战略需求。但事实一再证明,美国并不能真正把自己的问题"转移"出去,转移出去的只是华盛顿决策圈的有限精力,而这些本应集中投放到解决美国的国内问题上。如此才导致美国的种种问题积重难返,搞糟了自己也祸乱了世界。

在独立日这个特殊的日子里,我们真诚奉劝美国,还是先把自己的事情办好了,少管别人的闲事。这样对美国、对大家都好。事实上,美国的国内形势已经向华盛顿发出了不容忽视的强烈信号。美国内部治理的功能错位和失调必须尽快加以矫正了,华盛顿喜欢甩锅,但这口锅怎么也甩不到别人头上。换句话说,美国既然"生病"了,就该乖乖"吃药",而不是逼着别人"吃药"。美国的"药"是自己,美国的最大对手也是自己。

《环球时报》10年前曾刊发"应督促美国改革开放"的专家署名文章,认为美国是个Arrogance(自傲)、Aggression(自狂)、self-Appreciation(自恋)的"3A"国家,美国应推进"改革开放"来化解内部问题,否则不但自身社会得不到良好的治理,还会拖累甚至危及世界。当时此文还引起了美西方舆论的一通冷嘲热讽。现在回过头看,这些无疑都是对美国的诤言,但傲慢的美国精英听不进去,错过了一个10年的"窗口期"。

美国在国际上的地位和影响力,归根到底取决于其国内治理的水平和能力,不取决于在国际上多么招摇。美国国内的糟糕状况,既无法服众,也让它的盟友心里打鼓。如果一个人出现了美国的类似症状,先该去看看心理医生。但美国状态的根本调整要复杂得多。如果华盛顿把打压中国的那股狠劲,用在踏踏实实解决美国国内的现实问题上,相信效果会好得多。这也是"美国优先"最该着力的地方。

《环球时报》(2022年07月05日第14版)

第二章

美式虚伪若干表现

第二章
美式虚伪若干表现

深度阅读

"美式虚伪"侵蚀民众政治权利

何 平　陈子帅　赵 霜　王晓雄

编者的话： 2022 年有望见证美国有史以来最昂贵的中期选举——据美国无党派广告追踪机构 AdImpact 估算，在 11 月 8 日选举日来临前，两党的整体竞选广告支出可能达到 97 亿美元。选举费用不断创造新高，凸显出美国"民主选举"的虚伪。在这个"山巅之城"，政治只是富豪的游戏，普通民众不过是其中的配角。其实从建国以来，金钱就是美国政治的代名词：乔治·华盛顿曾把自己第一次政治竞选时筹集的所有资金都用来买酒，以吸引口渴的选民；第七任总统安德鲁·杰克逊在赢得大选后，将很多高级职位回馈给"金主"，还由此创造了"政党分赃制"这一术语。2010 年美国最高法院以"保护言论自由"这一"政治正确"理念而作出的裁决，更是让"黑金"漫灌该国政治。在汹涌的金钱浪潮中，普通民众的声音早已被淹没，"民选""一人一票"已成水中泡影。

美国已变成被财阀统治的国家
富人的游戏

"在美国政界，有两样东西很重要，第一是金钱，第二我就不记得了。"一百多年前，美国联邦参议员汉纳道出该国政治的"真谛"。一百多年后，这一"真理"依旧不断得到印证。AdImpact 的数据显示，截至 2022 年 9 月 20 日，也就是距离美国中期选举还有 50 天左右的时候，各参选人花在广告宣传上的费用已达 61.5 亿美元，超过 2020 年除总统选举外所花的 59.5 亿美元，以及 2018 年中期选举时的 39.6 亿美元。

"它（美国政治体制）对普通公民不利，对富人有利。"纽约州前联邦众议员唐尼在名为《参见金主》的纪录片中说。美国政治和选举已变成富人的游戏。首先，绝大部分参选人都是有钱人。2018 年，威斯康星州钢铁厂工人布莱斯和纽约州餐厅服务员奥卡西奥—科特兹竞选联邦众议员引发广泛关注，其中一个重要原因是两人的竞选活动打破美国政治的"自然秩序"。

其次，对美国选举结果起举足轻重作用的是站在参选人身后的"金主"，而他们只占美国总人口的微小部分。非政府组织"公开的秘密"分析说，2020 年美国的选举费用达到 144 亿美元，而 2016 年这一数字为 65 亿美元。2016 年年底，《纽约时报》的研究发现，158 个富裕家庭为总统候选人提供了近 50% 的竞选资金。亿万富翁汤姆·斯泰尔2014年为民主党中期选举投入7400万美元，使他成为当时美国最慷慨的公开个人捐赠者。这名清洁能源公司创始人表示，自己的捐款都是透明的，而真正影响政治的"黑金"则既无法知道是从哪里来的，也不知道到哪儿去了。导致美国政治"黑金"泛滥的原因，则是该国最高法院以"保护言论自由"为名作出的裁决。该裁决允许法人实体和工会花费无限制的资金来宣传或攻击某名候选人。

美式选举选出的高官和议员大部分都是富人。"金主"助力政客上台，自然不是为了做慈善。曾经的电信巨头施瓦茨是民主党的铁杆捐赠人，曾在2016年为希拉里筹款。他声称自己不会对政治决策过程施加任何影响，"我不要求政客们照我说的去做……当我遇到问题时，我希望他们能听到我的声音"。有研究发现，所谓"民选"的参议员，其立场反映的是"金主"的意愿，而不是选民。

"美国不再是一个'民治、民享'的国家，而是由财阀统治的国家。"这是《野兽日报》等多家美媒的共同感慨！

要投票也不容易

因为难以筹集到巨额资金，普通民众本已经难以成为参选人，而要成为投票人，他们面临的阻碍也越来越大。已经"严控"投票权的得州2021年再次修改法律，进一步收紧民众这一重要的政治权利。比如得州法律要求选民将个人身份证件（包括驾照、护照等）号码填到邮寄选票申请表中，这个号码必须与选民登记记录中的身份证件号码完全匹配，否则其申请就会被驳回。佐治亚州2021年通过《选举公平法》。根据这部长达98页的法律，每10万选民只能有一个投票箱，这意味着拥有 50 万活跃选民的迪卡尔布县今年只能设置 6 个投票箱，远低于 2020 年的 31 个。此外，选民向选举机构申请缺席投票并寄回选票的时间从 176 天降到 59 天。

近年来，不断削弱公民投票权的不止上述两个州。根据纽约大学布伦南司法研究中心的统计数据，截至 2022 年 5 月，18 个州通过总计 34 项限制投票的法律，使得选民申请、接收或投出邮寄选票变得更加困难。研究显示，低收入人群的投票可能性比高收入人群低得多，他们更经常因交通、疾病或其他自己无法控制的问题而不能投票。

中国人民大学国家发展与战略研究院研究员、美国研究中心副主任刁大明表示，美国 1964 年出台《民权法案》，1965 年出台《投票权法案》，虽然在纸面和制度上给予少数族裔更多权利，但这些法律本身就具有局限性，少数族裔权利的兑现难以得到保障。他举例称，非裔、拉美裔选民在投票时仍然面临阻碍，在教育、就业、医疗等诸多方面仍享受不了平等待遇。因此，美国"人人平等""一人一票"等"政治正确"理念，首先在制度上就是虚伪的，它没有办法全面有效地解决少数族裔面对的问题，只能在口头和形式上做足文章，而越是做文章，越让少数族裔觉得自身并未获益。

不公正划分选区，民意遭无视

保护少数族裔的投票等权利，是美国"政治正确"的要义所在，但自 2013 年以来，美国最高法院已经两次移除或者删改《投票权法》的重要条款，而现在这部具有历史意义的法律再次面临被拆解的风险。这次让最高法院的保守派以及自由派大法官吵得不可开交的是国会选区的划分。

"如果你让美国人描述政府与公众脱节的原因,许多人会把国会选区的不公正划分排在第一位。"《纽约时报》写道。美国每十年进行一次人口普查,然后据此重新划定国会和州议会选区,划分选区的权力掌握在各州的执政党手中。因为人口的变化,身处更多人口选区选民的发言权就不如人口较少选区选民的发言权大,因此划分选区要让每一个选区的人口基本持平。不过在执行层面,各州执政党通常会无所不用其极,使选区划分尽量对本党有利,比如尽量将另一政党支持者划分至多个选区,以达到稀释对方选票的作用。美国声称是民众选举官员,而实际上在民众选官员之前,已经被两党提前"挑选"了。

因为不公正划分选区,美国从国会到州议会等各级选举,很多不能反映民意,进而导致一些政府颁布的政策以及立法机构制定的法律不能反映大部分民众的意愿。非政府组织"美国进步中心"举例说,在2018年中期选举中,北卡罗来纳、密歇根、宾夕法尼亚和威斯康星4个州,赢得州议会多数席位的政党并未获得多数选票。

形式上的民主和投票权让越来越多美国人对投票不再感兴趣,很多选民对美国的政治制度感到失望。10月10日公布的民调显示,大多数美国选民认为该国的政府运转不灵。58%的受访者表示,美国需要进行重大改革或彻底改革。

"政治正确"愈加极端化,民众遭殃

源于20世纪60年代的"政治正确",其核心观点是几个世纪以来,西方社会一直被所谓的"白人男性权力结构"和"男权霸权"所主导。

看看美式"政治正确"

一个相关的观点是，除白人异性恋男性之外，所有人都遭受过某种形式的压迫，被剥夺了发言权，不被允许拥有"差异性"。

"政治正确"的出现最初是为了保障少数族裔、性少数群体等的权利，然而在现实中却因为矫枉过正以及和党争相互交织变得越来越极端化，使不少民众成为"牺牲品"。

"我觉得'政治正确'已经妖魔化了。"正在华盛顿攻读硕士学位的中国留学生小张对《环球时报》记者说，在学校里不管是学生还是老师，大家都非常注意自己的言行，不敢碰触到"政治正确"的禁忌，否则学业和职业生涯可能毁于一旦。小张介绍说，美国很多大学几乎都有非裔、性少数群体的组织，很多学生一开始加入这些组织是为了保障自己的权利，然而随着"政治正确"在美国不断极端化，一些人加入上述组织是为了获得额外的权利。这给其他人带来很多问题，比如声称自己内心是女性的男学生要进女厕所，如果女学生对其进行阻止，可能会被扣上大帽子，并遭到一些人的攻击。

学校中由"政治正确"带来的问题是美国社会的一个缩影，这一理念在美国引发很多荒谬现象，比如没有做变性手术的跨性别者被关进女子监狱，强奸其他女囚犯致其怀孕；认为应该就"政治正确"进行讨论的学者被抵制或者开除；亚裔学生在申请大学时要考更高的分数，才能与非裔学生竞争。"政治正确"已经在美国引发反弹。有民调显示，约八成的美国普通民众认为"政治正确"是国家的问题。"政治正确"意在保护的非黑人少数族裔，包括亚裔（82%）、西班牙裔（87%）和美国印第安人（88%）最有可能反对"政治正确"。

让事情更加复杂的是，"政治正确"已经成为两党互相攻击和谋求政治利益的工具。2022年6月，保守派大法官占多数的美国最高法院取消对女性堕胎权的宪法保护震动全美。支持女性堕胎权被很多人视为"政治正确",而两党就此展开的博弈更多的是政治算计。在特朗普执政时期,3名保守派大法官进入最高法院,从而使这一本应"平衡"的机构迅速右倾。共和党希望通过取消堕胎权巩固其保守派选民,而以美国总统拜登为首的民主党也希望通过动员捍卫堕胎权的选民,保住更多国会席位。

2022年8月16日,拜登签署《通胀削减法案》。根据该法案,美国将在气候和清洁能源领域投资约3700亿美元。应对气候变化一直是拜登政府的首要任务之一,在民主党内部不仅是"政治正确"问题,还能帮该党拉选票。外交学院国际关系研究所教授李海东对《环球时报》记者表示,民主党的支持者往往来自美国都市化程度较高的经济发达地区,这些选民对能源、居住环境的清洁化要求更高,对削弱高能耗企业在美国国内经济构成中的占比持认同态度。与之相对,来自美国经济水平不高的农村地区的选民对气候议题不敏感,而他们恰恰是共和党的基本盘。李海东说,拜登在中期选举即将来临之际签署《通胀削减法案》,实际上是为其基本盘吹响"团结号角",让他们更加支持民主党。

《环球时报》(2022年10月13日第07版)

看看美式"政治正确"

拓展阅读

美国应该好好给自己补一补民主课

钟 声

> 掀开美式民主的"光鲜外衣","三宗罪"历历在目：一是自身民主制度千疮百孔；二是国内民主乱象频生；三是肆意对外输出民主贻害无穷

中国外交部网站日前发布了《美国民主情况》报告。报告全文约1.5万字，通过大量事实、数字和权威人士观点，将美国民主异化及三重弊害昭告天下。对所有真正关心人类进步事业的人们来说，这份报告来得正是时候。

民主是人类文明发展的结果，是全人类的共同价值。但长期以来，美国无视自身民主制度的结构性缺陷与国内民主实践的惨淡表现，自

第二章
美式虚伪若干表现

诩为"民主样板",频频打着"民主"的旗号肆意干涉他国内政、发动对外战争,引发地区动荡和人道主义灾难,令"民主"这样一个美好的词语蒙尘。占领国会山的乌烟瘴气尚未散尽,弗洛伊德们"我不能呼吸"的哀鸣还在回响,从伊拉克、利比亚、叙利亚到阿富汗,美国"民主输出"留下的烂摊子仍在困扰世界。然而,美国对这些不闻不问,居然堂而皇之要召开所谓"领导人民主峰会",想当全世界的"民主教父",企图以意识形态划线,挑动分裂和对抗。此时发布《美国民主情况》报告,对人们看清美式民主伪善、霸道的真面目十分必要。

这份报告有助于正本清源。何为民主?民主应该由谁来定义?这份报告讲得很清楚。民主不是装饰品、不是宣传品,而是要用来解决人民需要解决的问题的。一个国家民主不民主,关键在于是不是真正做到了人民当家作主。世界上没有哪一套民主制度是完美的,不存在适用于一切国家的政治制度模式。民主是神圣的,不应被"私有化""标签化""政治化",各国人民都有权利以符合本国国情的方式实现民主。一个国家是不是民主,应该由这个国家的人民来评判,而不应该由外部少数人指手画脚来评判。

这份报告有助于去伪存真。美式民主根本没有美国政客夸耀的那么好。掀开美式民主的"光鲜外衣","三宗罪"历历在目:一是自身民主制度千疮百孔;二是国内民主乱象频生;三是肆意对外输出民主贻害无穷。包括美国人民在内的世界上许多人都在质疑:美国还是一个民主国家吗?显而易见,美式民主早已走下山巅,根本不是世界的样板。美国打着"民主"幌子推行所谓"价值观外交",将国际关系意识形态化,是对世界和平与民主的现实威胁。

看看美式"政治正确"

这份报告有助于求同存异。多元化是世界潮流,实现民主不可能千篇一律。各国应该超越不同制度分歧,摒弃零和博弈思维,践行真正的多边主义,弘扬和平、发展、公平、正义、民主、自由的全人类共同价值,相互尊重、求同存异、合作共赢,携手应对全球性挑战,共同构建人类命运共同体。把民主一元化、绝对化、工具化、武器化,人为制造"集团政治"和阵营对立,这与全人类共同价值背道而驰。各美其美、美美与共,世界才会更美好。

美国"民主灯塔"的光环早已不再,但美国至今不愿面对现实。自以为是地推销美式民主,只会给世界带来更多祸患,是对民主的最大破坏。美国应该好好给自己补一补民主课。正如《美国民主情况》报告开宗明义所指出的,"希望美国完善自身民主制度和实践,对外改弦易辙。这既有利于美国人民,也有利于世界人民"。

《人民日报》(2021年12月07日第03版)

第二章
美式虚伪若干表现

《十问美国民主》研究报告揭开美国民主真实面目，出席发布会的中外人士认为——

美国应正视自身民主问题

吴 刚 王骁波

2021年12月6日，中国人民大学重阳金融研究院发布《十问美国民主》研究报告。报告列举大量事实、数据和各国相关机构、人士及专家观点，从美国制度实践、国家治理、社会现状、人权自由、国际影响等十个方面，提出十个有关美国民主的问题。

报告全文共2.3万字，分中、英、法、俄、西5个语种。当日，30多个国家驻华大使馆代表、近20家外国驻京媒体及40多家国内媒体记者现场参与研究报告发布暨研讨会。出席发布会的中外人士认为，美国应正视自身民主问题，倾听各国真实声音，对内对外改弦易辙，做真正利于美国人民，也有利于世界人民的事。

"民主不能沦落为搞拉帮结伙、攻讦污蔑的幌子"

当前，新冠肺炎疫情仍在肆虐，世界经济复苏乏力，各国发展都面临巨大挑战。在人类最需要团结的时候，美国政府依然按意识形态划界，在全球人为地制造分裂，令许多国家不满。

报告认为，民主是各国人民的权利，不是个别国家的专利。任何国家宣布自己垄断"民主"的定义或模式都是荒唐的。近年来，美国民主逐渐蜕变，对内沦为美政客等谋取私利的工具，侵犯人权，造成社会撕裂；对外成了美国维护霸权、干涉他国内政、破坏国际秩序的幌子和借口。

美国民主是多数人的民主还是少数人的"民主"？报告认为，民主意味着人民当家作主，但在当今的美国，"少数凌驾多数""权力为资本服务""民众意愿难以真正实现"才是客观现实。报告援引美国普林斯顿大学和西北大学在分析了1800项美国政策后得出的结论称：美国普通民众和代表群众利益的群体几乎没有独立的政治影响力，而代表商业利益的经济精英和组织化团体却有极强的左右政策的能力。

"美洲有一句谚语，'判断树的好坏，要看果子，不要看叶子'。同样，看一国民主制度的好坏，要看本国人民是否满意，而不是看这个制度有多么美好的承诺。"中国人民大学副校长、重阳金融研究院执行理事刘元春表示，"民主不能沦落为搞拉帮结伙、攻讦污蔑的幌子"。

英国伦敦经济与商业政策署前署长罗思义认为，西方资本主义国家仅以是否拥有议会制和所谓的"分权制"等来定义民主，这种注重形式而非结果的做法很容易被证明是错误的。"民主最重要的是让人民生活品质真正得到提升。"

"在美国有77.8万人死于新冠肺炎疫情。"罗思义表示，但美国政府宣称，美国的人权和民主好于中国。"是谁给了美国这样的自信，用一个不知所谓的推理，来证明这样一个违背所有事实的结论是正确的？"

第二章 美式虚伪若干表现

"美国民主从来就不是其他国家民主的典范"

截至 2020 年底,美国有超过 5000 万人面临食物不足问题,该数字相比 2019 年增加了近 50%;最富有的 1% 的美国人掌握约 43.27 万亿美元的财富,是最底层 50% 的美国人财富的 14.3 倍;美国仅占世界人口的 4%,却占全球枪支自杀人数的 35%……报告通过翔实数据分析认为,美国不顾自身民主弊病缠身,大搞"民主外交",倾销自己宣称的民主模式,不顾各国需求、不屑各国原则、不管各国目标,充分反映了美国"民主外交"的前提谬误、框架谬误、原则谬误、目标谬误。

报告主要执笔人、中国人民大学重阳金融研究院执行院长王文表示,世界上越来越多的人不认可美国的民主,美国之外有 57% 的人表示美国的民主"最近几年不行了",另有 23% 的人调查表示"美国民主从来就不是其他国家民主的典范"。

"世界上的任何民主制度都不可能是一蹴而就和一成不变的。"中国社会科学院美国研究所研究员魏南枝表示,包括美国在内,从精英统治向大众民主政治转换的过程与公民权的斗争是密不可分的。"当大众民主实现之后,具有丰富内涵的大众民主、具有丰富诉求的公民权内涵被抽象为了一个选举政治,抽象为了作为选民投票的一瞬间。""美国大众民主在形式上实现了,在实质上却被寡头统治抽空了。"

"不断扩大的贫富差距、持续的种族歧视、对城市内部和农村的大量贫困地区的忽视,导致很大一部分美国人认为政府已经完全忘记了他们。"美国《全球策略信息》杂志社华盛顿分社社长威廉·琼斯表示,"西方民主国家"政府的政治精英在很大程度上已经远离了人民的需求,"今天的美国政府出台的政策与民主没有什么关系,而是一种赤裸裸的政治企图,维护以主要银行为主的金融寡头统治者的持续统治,并以美国领导的军事联盟为后盾"。

"希望美国能够完善自身民主制度和实践,对内对外改弦易辙"

"给他国带去发展繁荣还是灾难动荡?""维护世界和平发展还是破坏国际秩序?"美国民主对内引致社会失序、加深民众疾苦,对外造成灾难动荡、破坏国际秩序,国际社会对此十分担忧。报告认为,美国是当今世界名副其实的"难民制造机",全球至少有 3700 万人因美国"9·11"事件后发动的战争而流离失所。

报告强调,民主是全人类的共同价值,世界上没有唯我独尊的民主模式,民主是丰富的,是多元的,是由各国人民自主选择的多样化道路,而非被迫强加的单一套路。

巴西三大洲社会研究所研究员马可表示,在第二次世界大战之后,没有任何一个国家比美国花费更多的金钱、人力和军事力量来削弱和推翻由人民民主选举的政府,1961 年的刚果、1964 年的巴西、1965 年的印尼、1973 年的智利……"9·11"事件之后,美国又以打击极端恐怖组织为借口,纠集盟友在 2001 年入侵阿富汗,2003 年入侵伊拉克……使得这些国家生灵涂炭,陷当地民众于水火。

魏南枝认为,在世界政治大变局的当下,将某种民主形式视为唯一的政治标准,或者赋予其"普世性",不过是一种文明优越论的表达方式，具有强烈的种族主义底色。由哪个国家来规定是否民主的评判标准，或者以此进行阵营划分等，不过是一种霸权主义的宣誓，却选择性无视世界历史的发展潮流。

"希望美国能够完善自身民主制度和实践，对内对外改弦易辙。这既有利于美国人民，也有利于世界人民。没有哪个国家能够垄断民主标准，没有哪个国家能够把本国政治制度强加于人，更没有哪个国家有权利把民主当作工具打压别国。"中国人民大学国际关系学院副教授、美国研究中心秘书长刁大明说。

《人民日报》（2021年12月07日第17版）

看看美式"政治正确"

哈佛大学肯尼迪政府学院的民调显示——

过半数美年轻人认为美国民主"陷入困境"或"失败"

李志伟

美国哈佛大学肯尼迪政府学院政治研究所日前发布的一项民意调查结果显示,受访的大多数美国年轻人对美国民主缺乏信心,52%的受访者认为美国民主"陷入困境"或"失败",而相信美国民主制度依然"健康"的受访者仅有7%。肯尼迪政府学院政治研究所民调事务主管约翰·沃尔普对此表示:"美国年轻人正在敲响警钟。"

疫情发生后,美国年轻人成为受经济冲击最明显的群体之一。美国人口普查局9月发布的数据显示,2020年美国官方公布的贫困率为11.4%,贫困人口达到3720万。其中,18岁以下人口的贫困率从2019年的14.4%上升到2020年的16.1%。

在美国各地寻求食品救济的人们越来越多,其中不乏年轻人的身影。在西弗吉尼亚州,两成的人口依靠食品救济度日。西弗吉尼亚州一家食品补给站的志愿者蒂凡尼·布拉希尔说,10年前每周大约发出去10份救济食品,现在每周则要救济1000多人。

"超过5000万美国人正饱受食物不足的痛苦,他们需要的不是一

第二章
美式虚伪若干表现

顿饭，他们需要的是改变。"这是在国外社交媒体广为流传的一段视频，一名美国小女孩坐在台阶上控诉饥饿问题。据报道，这是几年前一个美国非营利组织投资拍摄的一条公益广告，最近再度引起强烈关注。该组织发言人劳拉·沃什伯恩说："视频意在让人们关注美国的饥饿问题。不幸的是，我们国家今天仍在解决这个问题。"

美国广播公司报道说，根据美国农业部的数据，过去两年，美国在解决粮食安全问题上"几乎没有取得任何进展"。2020年，约1380万户家庭处于粮食不安全状态，占美国全部家庭总数的10%以上。

除了经济上的困境，美国社会的诸多顽疾，诸如枪支暴力、种族主义、社会不公、贫富悬殊等问题，都在影响美国年轻人的发展及其对未来的期待。美国"Gen"网站报道说，在美国，好大学的录取率越来越低，食品成本上升、学生贷款债务上升、基础医疗保健缺乏、官僚机构僵化、枪击案时有发生、互联网上个人隐私泄露等问题，都让年轻人感到"寸步难行"。

美国佛罗里达大学学生奥菲丽·雅各布森在华盛顿特区街头进行了随机访问，一些受访者明确告诉雅各布森，考虑到美国的"殖民历史、种族问题和当前的政治局势"，自己"为身为美国人感到尴尬"。

美国《新闻周刊》援引盖洛普的民调数据称，美国人的整体自豪感在2020年降至新低。报告显示，在18岁至24岁的受访群体中，只有36%的人"为身为美国人感到骄傲"。35%的受访者表示，"略微或根本不因自己是美国人而自豪"。

《华盛顿邮报》的文章指出，哈佛大学的这项民调显示，美国年轻人对民主感到失望。调查同时显示，美国年轻人的心理健康状

看看美式"政治正确"

况令人担忧。51%的美国年轻受访者反映,在过去两周内至少有过几次"情绪低落、沮丧、绝望"的感觉。纽约诺斯威尔健康中心的枪支暴力预防中心主任查坦·萨蒂亚表示,贫困、社会不平等和枪支暴力等问题相互之间密切相关,"你不能只解决一个而不解决另一个"。

《人民日报》(2021年12月07日第17版)

第二章 美式虚伪若干表现

"杰利蝾螈",美式民主痼疾的缩影

张梦旭

美国近期举行的多场地方选举,被视为明年中期选举的风向标。在这些选举中,美国的"杰利蝾螈"怪象再次被置于媒体聚光灯下。

1812年,美国马萨诸塞州州长杰利为谋求本党利益,签署法案将州内一个选区划成类似蝾螈的极不规则形状。这种做法后被称为"杰利蝾螈",即通过不公平的选区划分,帮助本党在选举中获得优势,赢得尽可能多的议席。美国宪法和法律规定,各州立法机构有权划分选区,这为州议会多数党搞"杰利蝾螈"提供了操作空间。"杰利蝾螈"主要靠两种操作:一是"集中",即尽可能将反对党选民集中划入少数特定选区,牺牲这些选区以换取其他选区绝对安全;二是"打散",即将反对党选民相对集中的地区拆分划入周边不同选区,从而稀释反对党选票。

200多年来,"杰利蝾螈"这一美国特有的政治操作愈演愈烈。无论是民主党还是共和党,在本党控制的州都习惯于利用"杰利蝾螈"操弄选举。2021年9月,民主党控制的俄勒冈州在全美率先完成选区重新划分。根据最新人口普查结果,该州可增加1个国会选区,将总选区数增至6个。民主党将这个新增选区设在波特兰市南部,而波特兰恰是该州最大、民主党选民最多的城市。此次重划后，民主党牢牢控制的选区由原来的2个增至4个，"摇摆选区"由2个减至1个，这意味着该党可凭借57%的实际选民占比，控制该州83%的国会选区。

近日，共和党控制的北卡罗来纳州议会敲定该州国会选区划分图，通过将城市中的民主党选民分开，使得该州倾向于共和党的选区数量从8个增加到10个。2021年10月，共和党控制的得克萨斯州划分新选区，"巧妙地"将倾向于民主党的少数族裔新增选民划分到白人占主导地位的选区，最终共和党牢牢控制的选区由原来的22个增至24个，"摇摆选区"由原来的6个减为1个，共和党可凭借52.1%的实际选民占比，占据该州65%的国会众议院席位。

"杰利蝾螈"被视为美式民主肌体上的"恶性肿瘤"。美国《纽约时报》指出，几乎每个州都在进行类似的政治把戏，这种扭曲地域和种族属性的选区划分，使得少数族裔的政治影响力日益被淹没。美联社2021年3月发布的民调显示，67%的受访民众认为"杰利蝾螈"是美国选举制度中的严重问题。威斯康星州前参议员戴尔·舒尔茨说，"杰利蝾螈"事实上造成议员挑选选民，而不是选民挑选议员。

美国政治极化日益加剧，两党均竭力谋求自身利益最大化，"杰利蝾螈"现象更是积重难返。2019年，民主党控制的众议院曾通过一项法案，要求禁止"杰利蝾螈"，但该法案未在共和党控制的参议院通过。2019年6月，美国最高法院认定"杰利蝾螈"属于政治问题，必须由民选政府部门解决，拒绝再受理此类案件。此后，由于无需担心本州的选区地图会被最高法院推翻，两党操弄"杰利蝾螈"更加肆无忌惮。

第二章
美式虚伪若干表现

"杰利蝾螈"怪象是美式民主痼疾的缩影。"金钱政治"大行其道,权力制衡变成"否决政治",规则缺陷损害公平正义,制度失灵引发信任危机……"杰利蝾螈"侵蚀美式民主,导致其日益异化、变味、变质。

《人民日报》（2021 年 12 月 07 日第 17 版）

看看美式"政治正确"

美邀在逃犯罪嫌疑人参加"民主峰会"，是对民主的最大亵渎！

钟 声

> 美方滑天下之大稽，将一个在逃犯罪嫌疑人搬上所谓"民主峰会"，只会让国际社会进一步看清其假"民主"之名、行反民主之实的荒唐本质

近日，畏罪潜逃的反中乱港分子罗冠聪自称获美方"邀请"参加所谓"领导人民主峰会"，再次给所谓"民主峰会"毫无民主可言增加了铁的事实。美国政府为这名"港独"分子提供表演舞台，进一步暴露出所谓"民主峰会"实质就是要把民主工具化、武器化。

罗冠聪涉嫌煽动分裂国家、勾结外国或境外势力危害国家安全，是被香港警方通缉的犯罪嫌疑人。获悉罗冠聪即将再次到美国进行政治表演，香港特别行政区政府保安局严词斥责其为谋取"政治红利"，甘做外国政府和政客的傀儡，行为可耻，明确表示香港特别行政区政府将依法追究其刑事责任。这是任何一个尊重法治原则的政府应有的态度。

第二章
美式虚伪若干表现

近年来，美方动辄以香港民主的"守护者"自居，真实企图是以"民主"之名搞乱香港。炮制涉港法案，悍然实施制裁，污蔑诋毁特区事务，包庇支持反中乱港分子，多边串联施压……美方一系列政治操弄，是在干涉中国内政、破坏香港民主。罗冠聪对香港和祖国的背叛，在那些声称要遏制中国的美国政客眼中，却拥有"独特价值"。他们一再动用这个提线木偶，将其包装为"民主斗士"，在其赴美窜访时予以会见，为其兜售"港独"主张、散播政治谎言、抹黑香港国安法和中央对港政策提供平台，这是美国干涉香港事务、支持反中乱港势力的铁证。

香港是中国的香港，美国的干涉行径不可能撼动"一国两制"行稳致远的历史大势。随着香港国安法的制定实施、香港选举制度的完善，香港局势实现由乱到治的重大转折。香港市民普遍认为，盲目追求美式民主，带给香港的并不是真正的民主，而是社会分化、恶斗，导致社会失序、经济失衡、管治失效。新选举制度正使选举回归良性竞争，香港民主正在回归为市民谋实惠、谋福祉。香港社会的这种积极转变充分说明，美国政客借"民主"之名干涉香港事务已经彻底失败。美方企图搭台为个别被通缉的反中乱港分子撑腰打气注定徒劳，掀不起任何波澜。

美方滑天下之大稽，将一个在逃犯罪嫌疑人搬上所谓"民主峰会"，只会让国际社会进一步看清其假"民主"之名、行反民主之实的荒唐本质。美国以自身标准划线，将世界上一半国家和地区划入"民主阵营"，将另一半国家归入"非民主国家"行列，这种做法本身就违背民主精神，是典型的将民主"私有化""标签化""政治化"。在全球性挑战日益增多、世界需要加强团结合作的当下，美国打着"民主"幌子推进地缘战略、打压异己,在世界上制造分裂和对抗,这种冷战思维和霸权行径悖逆历史大势,不可能得逞。

民主是全人类共同价值,不是美国任意操弄的政治工具。美国披着"民主"外衣维护自身霸权,已经激起国际社会的强烈反对。美政客与反中乱港分子勾结,包庇纵容违法犯罪分子,其恶行只会遭到唾弃,其阴险图谋必将以失败告终。

《人民日报》(2021年12月09日第03版)

第二章
美式虚伪若干表现

假"民主"之名分裂世界注定失败

钟 声

> 美国盗用民主旗号服务一己私利,撕破了美国"民主捍卫者"的假面具,展现了美国"民主破坏者"的真面目

日前,美国披着"民主"外衣举办的所谓"领导人民主峰会",最终在一片批评声中惨淡收场。国际舆论指出,所谓"民主峰会"虚伪至极,更像是一场美国政客的表演秀,美国的做法恰恰表明自身才是民主的最大威胁。美国借所谓"民主峰会"打压他国、分裂世界的霸权行径注定失败。

今年是冷战结束 30 周年,但美国举办的所谓"民主峰会",却透出浓厚的冷战思维。美国以自身标准划线,将世界上一半国家和地区划入"民主阵营",将另一半国家归入"非民主国家"行列,反映出将世界推回冷战格局的危险企图。国际社会对此看得很清楚。巴基斯坦《国际新闻报》刊文指出,从架构到议程,所谓"民主峰会"都有违真正的民主精神。泰国副总理兼外长敦表示,峰会纯粹出于政治目

的，是政治操弄。俄罗斯知名智库国际事务委员会总干事科尔图诺夫认为："峰会试图将多彩的现代世界变成黑白分割的世界。"埃及、沙特阿拉伯、以色列等中东多国媒体评论指出，所谓"民主峰会"是美国干涉他国内政、维护美国霸权的工具。

美国将民主私有化、工具化、武器化，是对民主精神、民主价值的背叛和践踏。一个国家是否民主，归根到底应该由这个国家的人民来评判，而不是由外部少数人指手画脚、妄加判断。世界上没有哪一套民主制度是完美的，不存在适用于一切国家的政治制度模式。各国民主制度的建立和民主进程的发展都有其历史性和民族性，都有自身独特价值。美国试图用一己标准垄断民主定义，无视不同国家文化、历史和文明的巨大差异，自封"国际民主判官"，这本身就是最大的不民主。俄罗斯外长拉夫罗夫强调，美国通过所谓"民主峰会"推销美式民主，拒绝真正民主的国际合作，是对联合国宪章中国家主权平等原则的无视。

长期以来，美国为了搞"民主输出"，不惜干涉他国内政、发动战争。然而，这种霸权行径非但没有给他国带来民主，反而制造了大量人道主义灾难。美国长期通过国际开发署等政府机构和"国家民主基金会"等所谓"非政府组织"，对主权国家进行渗透颠覆，挑动"颜色革命"；以推广民主名义滥施单边制裁，对阿富汗、伊拉克、叙利亚、利比亚等国发动军事干涉，造成数十万平民死亡，数百万人受伤，数千万人流离失所。美方假"民主"之名制造的灾难不胜枚举，美国"民主输出"的真实目的和现实危害日益凸显。在饱受美国"民主输出"之苦的阿拉伯国家，民意调查结果显示，58%的受访者对美国外交政策持否定态度，81%的受访者认为美国是对阿拉伯国家安全的主要威胁。

第二章
美式虚伪若干表现

民主是全人类共同价值。美国盗用民主旗号服务一己私利,撕破了美国"民主捍卫者"的假面具,展现了美国"民主破坏者"的真面目。美国如果真心捍卫民主,就应该与各国一道弘扬和平、发展、公平、正义、民主、自由的全人类共同价值,恪守以联合国宪章为基础的国际关系基本准则,共同推动国际关系民主化、法治化,携手应对各种全球性挑战,推动构建人类命运共同体。

《人民日报》(2021年12月14日第03版)

美国的新国安报告，缺乏新意却充满恶意

环球时报社评

2022年10月12日，白宫发布了新版《国家安全战略》报告，这是每一届美国政府的规定动作，也是反映、指导在任政府内政外交的一份重要文件。但读完这份48页的文件，国际社会普遍感受到的却是强烈的不安和担忧，美国追求的"国家安全"要以其他国家的不安为代价。如果沿着该报告给出的路径和方向，美国这个超级大国迟早会走到世界和平与稳定的对立面，后果是不堪设想的。

该报告的发布时间因为俄乌冲突被推迟了几个月，但我们没有从报告里看到美国对俄乌冲突根源做深刻反思，更没有吸取教训，反而进一步强化了导致俄乌冲突爆发的阵营对抗及二元对立思维。更严重的是，美国把这种冷战思维加倍投射到中美关系上，"与中国的竞争贯穿了（报告）每一章"，将中国视为"最重要的地缘政治挑战"。

尽管一些美国媒体宣称这份报告"没有包含思维的重大转变"，但这实际上意味着，拜登政府未能对特朗普政府的对华激进主张作出任何修正，反而似乎在一定程度上延续甚至强化了这一误判。这是

第二章
美式虚伪若干表现

美国两党恶性竞争的一个结果，双方都把反华当成一种"选举赌注"，在相互不断加码的过程中不知不觉钻进了牛角尖。

舆论注意到，报告有一个很醒目的判断，就是声称"后冷战时代已经彻底结束"，那么，现在是一个什么时代呢？报告没有说明，只是机械地重申"不寻求冲突或新的冷战"。但报告中同时又充斥着对北约、"奥库斯"等军事联盟"成果"的吹嘘，详细罗列着联合盟友对他国展开地缘政治竞争的步骤。这让报告不寻求"新冷战"的承诺沦为廉价的赌咒发誓。

报告还将多元世界按照美国的意志，简单粗暴地划分成"民主和专制的竞争"，要在根上割断不同文明和平共处、和谐共生的可能性。这是冷战结束以来，美国国家安全战略中最清晰的冷战式表达。华盛顿的实际做法也处处显现出"露骨的零和博弈"，这让它所宣称的"负责任地管理对华竞争"充满了伪善。

冷战结束至今已有30余年，但华盛顿的政治精英仍然没有学会以新的方式与别国共处，没有或者说拒绝接受并适应时代的根本变化，仍然需要通过树立"假想敌"来确定自己的坐标，并以此指引方向。好像如果没有一个"假想敌"，他们连路都不会走了。但这种做法有着巨大而危险的副作用，尤其是他们还找错了"假想敌"，甚至硬生生制造出了美国承受不起的"对手"和"敌人"。

新的国安报告是一面镜子，照出了华盛顿政治精英的私心、野心，以及他们内心最深处的恐惧。华盛顿在所有国家安全战略报告中都要强调美国的"领导作用"，有抱负本无可厚非，但它要"领导"世界

看看美式"政治正确"

干什么呢？报告透露出的还是"拉一派打一派"，在这个世界制造分裂和对抗。报告中还有不少自相矛盾、逻辑混乱的内容，这反映出美国在面对真正全球性问题时的无力与无能。无论在认知还是境界格局方面，华盛顿都已经严重滞后于国际格局的复杂演变及时代需要。

为了打压遏制中国，华盛顿已经走火入魔。其实，对比中美对未来的规划，不难发现，华盛顿对未来十年的展望充满了对抗与零和思维，而中国的规划则专注于自身的发展和与国际社会的合作共赢。这是截然不同的发展思路，一个充满戾气，一个温和友善；一个四处寻找敌人，一个致力于广交朋友。究竟哪条路会更加宽广，历史自然会给出答案。

至于这份最新的国家安全战略报告，就像一个不阴不阳的"谋"，虽然缺乏新意却充满了恶意，这对世界来说是危险的，对美国而言也是不幸的。一个心胸狭隘的美国，怎么好意思自诩"领导"世界？又如何不让国际社会充满担忧？

《环球时报》（2022年10月14日第14版）

第二章
美式虚伪若干表现

华盛顿的"友谊",惊醒了更多的欧洲人

环球时报社评

最近几天,德法等欧洲主要国家及欧盟层面就对华和对美关系问题,集中发出耐人寻味的表态。欧盟委员会负责经济事务的执行副主席东布罗夫斯基斯11日在柏林的一个会议上表示,与中国"脱钩"不是欧盟企业的选项,他还对美国的《通胀削减法》"深表关切",称该法让欧盟汽车及可再生能源等企业受到歧视性待遇。当天在这个活动中,德国总理朔尔茨也强调,"脱钩是完全错误的道路",并谴责美国《通胀削减法》"可能引起一场巨大的关税战"。

几乎完全一致的口径,反映出欧洲大陆正在形成的一种微妙共识,释放出来的信号是积极的。虽然德法包括欧盟的官方公开态度一直是反"脱钩",支持经济全球化和多边主义,但在欧洲内部一些人打着"减少依赖"的幌子加紧抛售对华"脱钩"论调,特别是华盛顿还在外部朝着这个方向用力的时候,欧洲领导人清晰明确地重申立场和态度,对正在欧洲蔓延的激进民粹倾向提出警醒,既十分及时也很有必要。这在一定程度上说明,欧洲决策者在当前面临内外挑战的复杂局

面下，保持住了基本的战略清醒和理性。

值得注意的是，在对华展示相对务实态度的同时，德法及欧盟开始毫不掩饰地对美国表达不满。可以说，这既是对过去一段时间欧洲整体外交出现失衡征兆的主动回调，也是在接受无情现实教训后的自我醒悟。俄乌冲突爆发后，欧洲在安全和战略上更加依赖美国，因此也丧失了部分战略自主性，顺着这个方向发展下去，欧洲必然从一支全球性力量沦为华盛顿的地缘政治附庸。欧洲现在的被动局面，和它对美国的战略依赖不无关系。

但欧洲做出如此大的牺牲，换来的是什么呢？是美国的趁火打劫。法国总统马克龙日前也忍不住抱怨美国的天然气太贵，竟然高出美国国内市场价格的4倍。据媒体披露，美国公司每一艘驶往欧洲的液化天然气船可赚取超过1亿美元的暴利。对正遭受能源危机打击的欧洲民众来说，美国人是在发极不道德的灾难财。这就是美国的"友情价"吗？对吃了不少"哑巴亏"的欧洲来说，美国的这种友谊是过于廉价还是过于昂贵呢？而美国在这期间推出的一系列破坏自由贸易的法案，影响更加恶劣、深远。

虽说明里暗里针对中国，但同样对欧洲及其他盟友的切身利益造成损害。美国对华遏制政策的后果正在显现，刚刚出台的出口管制禁令，让全球芯片产业感受到彻骨的寒意。法国经济和财政部长勒梅尔10日在国民议会发言时批评美国经济强权，呼吁欧美之间建立"更加平衡"的经济关系，他说，法国不能允许乌克兰危机造成美国经济主导全球而欧洲经济遭到削弱。在这个问题上，中欧应该会有不少共同语言。

第二章
美式虚伪若干表现

实际上，坚定支持全球化、支持多边主义一直是中欧之间的公约数。新冠疫情叠加俄乌冲突，使得欧洲一些人对所谓"依赖"的问题变得敏感。但现实却一次次揭示，所谓的"脱钩""断链"，只是个别国家试图打压中国、掠夺世界的工具。对比之下，中国从没有把经贸作为武器，更没有在对外经济关系中"收割"过谁。去年中欧贸易额首次突破8000亿美元，以及今年中国电热毯在欧洲的热销，从宏观和微观层面都表明，中欧互利共赢的合作，植根于坚实的民意基础、广泛的共同利益、相似的战略诉求，也因此具有强大的韧劲和潜力。

另据多家英国媒体报道，英国政府将在近日正式把中国定性为"威胁"，此前的表述是"系统性竞争者"，不得不说这是一种倒退，与欧洲大陆出现的外交反思和调整恰好背道而驰。美国、英国和法德等国的不同选择，让我们看到了跨大西洋联盟内部的分化迹象，这正是世界多极化的突出特点。只要我们高举多边主义、开放合作的大旗，就不愁没朋友，更不会缺少合作伙伴。美国迟早要为它的霸道、狂妄和自私付出代价，英国也将为自己的战略糊涂埋单，而务实理性、坚持原则的国家也将收获回报。

《环球时报》（2022年10月13日第14版）

美国对自由贸易发起最野蛮的一击

环球时报社评

美国政府周五公布了一系列出口管制措施，其中包括禁止向中国提供使用美国设备在世界各地生产的某些芯片等内容。美西方媒体用了好几个"最"来形容这一举措，如"可能是20世纪90年代以来美国对华出口技术政策的最大转变""拜登政府迄今为止最激进的措施"等，但这个"最"字或许用在其他地方更为贴切：这是美国科技霸权主义一次"最"赤裸裸的暴露，对公平竞争原则"最"彻底的背离，对国际经贸规则"最"野蛮的违反，以及一国政府对全球产业链"最"大的一次干预和破坏。

在到达这些"最"之前，美国对华出口管制，或者更准确地说对华科技打压，经历了一个不断升级加码的过程，但这些做法并没有实现华盛顿的预期效果，未能遏制中国的科技发展，而且边际效益持续递减。这让华盛顿"不得不"扩大打击范围、加强打击力度，并最终连遮羞布都不要了，一次次将自由贸易原则和规则践踏在地。

在这个过程中，美国苦心经营多年的国际信用和道义形象都遭到

第二章
美式虚伪若干表现

实质性的破坏，这使得它不可能在超出其盟友圈的更大范围内策动对华打压的联合行动，即使在跨大西洋联盟甚至美国内部都难以形成足够强大的行动共识。当美国把双刃剑刺向别人的时候，不可避免地会割伤自己，它更不在乎是不是会伤到盟国的利益。

美国出台的这一系列出口管制新规，将限制范围大幅扩大到非美国企业，试图阻止这些企业与中国进行正常的互利合作和贸易往来。美国当然没有这种权力，它主要以单边行政令对这些企业进行非法干扰。但事实证明，政治恫吓无法压倒市场力量。华盛顿官员也承认，他们没有得到盟国将落实类似措施的任何承诺，而如果其他国家不加入，不仅美国的单边管控将失去效力，还"有伤害美国技术领导地位的风险"。

半导体行业的全球分工并非偶然出现，回顾其发展历程，美国许多科技公司最开始采用的就是"一条龙"模式，但因为成本高、产出低等原因，最终通过不断优化资源配置，一步步演变为全球分工模式。它是经过现实反复检验、被证明最符合各方利益的道路。这原本是人类科技史上的一次进化，华盛顿一些人却想要人为地让它退化回原始状态，这样的历史倒车冲撞的将不仅是世界，也当然包括美国自己。华盛顿刚传出要对中国半导体产业"出大狠招"，美国半导体企业的股价就出现集体暴跌，这反映出了市场最真实的情绪。

中国是全球最大的半导体消费市场，任何一个理性的市场行为体，在自由公平的市场环境下，都决不可能主动和中国市场做切割、搞"脱钩"，这无异于"商业自杀"。美国和盟国的企业出于自身立场和利益的考虑，支持、拥护、配合及落实美国政府对华出口管制政策的意愿势必日益低迷，让华盛顿编织的这张对华科技遏制网的运行成本越来越高。道理很简单，肆意践踏国际经贸规则的华盛顿，怎么可能持久赢得真心的追随者？一个执意搞零和博弈的国家，既无德也无能在科技领域引领世界。

只有狂妄无知的人，才会真的相信美国靠这些不正当的手段，就能阻断中国半导体或其他科技产业的发展。美国损人不利己的科技霸权主义，可能会给中国半导体产业带来一些短期的具体困难，但反过来一定会增强中国科技自立自强的意志和能力。美国企业被动让出来的市场空白，一定会有其他国家企业第一时间去抢占。如此巨大的合作面和共同利益，美国怎么可能有能力"统一指挥"加以摧毁？

只能说，为了打压遏制中国，华盛顿已经失去理智、乱了方寸。这一次在全世界的众目睽睽之下，人们看到了一个霸权国家是如何一步步自我暴露的，又是如何走向黔驴技穷的；还看到了它在面对新兴大国时是如何逐渐丧失自信的，以至于变得越来越敏感、焦虑和不择手段。这样的美国，毫无疑问是十分危险的，世界也不能任其为所欲为。

《环球时报》（2022年10月09日第07版）

第二章
美式虚伪若干表现

把太平洋岛国当"伙伴",美国是真心的吗?

环球时报社评

2022年9月28日到29日,首届"美国-太平洋岛国峰会"在华盛顿举行,来自14个太平洋岛国的领导人和代表参加了这次峰会。这是太平洋岛国第一次集体接到来自华盛顿的邀请。美方对此进行了高调的宣传,一再渲染其"里程碑意义"。但舆论却普遍认为,这是美国为抗衡中国而展开的一次"前所未有的外交努力",同时一些岛国已经对"被迫站队"感到担忧。

华盛顿把这次峰会的意义拔得很高,这是从2021年以来,美国开始"盯上"中国与太平洋岛国的友好往来之后,对该地区进行一系列拉拢的最新动作。按美国国家安全委员会印太事务协调员坎贝尔的话说,峰会不仅会听取太平洋岛国领导人的意见,还"将大量的资源摆在桌面上"。在峰会上,拜登宣布向太平洋岛国提供超过8.1亿美元的新资金,"以满足太平洋地区的优先事项"。

如果华盛顿真能把承诺落到实处,倒也是一件好事。但根据以往经验,美国在兑现承诺方面的国际信用向来是极低的。更值得警惕的

看看美式"政治正确"

是，在美国的援助承诺背后，从来都有着各种政治条件一路尾随。地球人都知道，美国现在突然"关心"起太平洋岛国，决不是什么良心发现，它的战略目的性太强也太明显了，几乎是赤裸裸的。这些年，中国与太平洋岛国快速发展的互利互惠合作，早已是美国急于拔除的眼中钉。

换句话说，美国的钱不是好拿的，往往要以出让国家尊严和部分主权为代价。此次峰会前夕，由美国国会资助的一家智库发表报告，对太平洋岛国所处位置的描述是"美国在关岛和夏威夷的国防资产与东亚沿海水域之间的重要战略缓冲区"。报告还宣称，如果北京成功地将这些国家之一"纳入自己的势力范围"，"将危及美国在一个具有战略意义的地理指挥区的军事能力"。美国想通过给一些小恩小惠，就让太平洋岛国感恩戴德、俯首帖耳地成为其"印太战略"上的齿轮，这是对太平洋岛国最大的不尊重。

或许，在华盛顿看来，"首次进入白宫"的"殊荣"、红毯镁光灯的招待排场与"巨额美元"援助，足以让太平洋岛国受宠若惊、唯命是从。但作为具有独立主权的太平洋岛国，他们希望得到的是美国真正的尊重，而不是任其通过高调仪式的象征性尊重来行干涉主义之实，用华丽的新概念来重操以小国为从属的地区霸权模式。

在此次峰会中，类似的例子比比皆是。比如，有媒体透露，太平洋岛国删去了联合声明中，太平洋岛国有必要"就具有地区影响的安全决策彼此密切磋商"的内容，这被认为是针对中所安全协议提出的。布林肯周三宣布美国将提供480万美元资金支持可持续渔业等的发展，

第二章
美式虚伪若干表现

海岸警卫队司令部还将和与会国家讨论如何提高海域意识和打击非法捕捞活动，这些美其名曰是为了太平洋岛国老百姓的生计，但同时又给中国扣上"渔业威胁"的帽子，实际上就是以此为抓手，试图破坏太平洋岛国与他国的正常渔业合作，这反过来必然会损害岛国民众的利益。

对太平洋岛国而言，最核心的诉求是地区繁荣与稳定，他们希望美国能接受其《蓝色太平洋2050战略》，应对气候变化、推动该地区可持续发展。此次峰会上，尽管华盛顿宣称要对气候危机等采取"紧急行动"，但美国自己就是气候变化问题上公认的差等生，岛国人民心里有着一个大大的问号。更何况，美国的动机本来就不纯粹。西方媒体对此也并不掩饰，美国之所以拿出"前所未有"的努力拉拢太平洋岛国，就是为了"抗衡中国的影响力"。

美国对太平洋岛国的态度，从二战后近80年的长期忽视，到为了遏制中国影响的忽然重视，不变的是"后院"思维，延续的是霸权逻辑。这种骨子里的"傲慢与偏见"，不是新开几个使团、高官走马灯式访问、口头宣称的大笔援助就能掩盖的。希望美国真正改变看待世界、看待其他国家的方式，以发自内心的尊重平等对待太平洋岛国，这不仅是一个大国的应有风范，也是对地区和平稳定的起码责任。

《环球时报》（2022年09月30日第14版）

看看美式"政治正确"
KAN KAN MEI SHI"ZHENG ZHI ZHENG QUE"

应对气候变化,希望美国动机纯粹一些

环球时报社评

最近席卷大半个北半球的严重高温干旱还在持续,世界气候归因组织的最新研究认为,人为因素造成的气候变化,使这一高温天气的发生率至少增加了10倍。这场干旱也正在进一步扰乱供应链,推高食品和能源价格,它再次提醒人们,携手应对气候变化的紧迫性。

与此同时,包括德国、法国、荷兰、丹麦等在内的欧洲多国近期都在悄悄地重启或放开煤电,似乎正在走上加大碳排放的"回头路",对全球减排的共同努力来说,无疑是一个挫折。应该说,这在很大程度上也是欧洲的无奈选择,美国拉盟友对俄罗斯发起"极限制裁",恨不得把俄罗斯能源管道全部掐断,由此所导致的缺油少气,已经严重影响到欧洲老百姓的基本生活,"每个人都抢着囤煤炭"。

减排的目标不得不让位于基本民生,这是可以理解的;但另一方面,这样的局面原本是完全可以避免的。倘若能够维护和平稳定的发展环境,何至于此?如果能够抵制冷战思维、阵营对抗,何至于此?

作为俄乌冲突的始作俑者,华盛顿对此却似乎反应漠然,并没有提供什么实质性帮助,反而最近指责中国倒是积极得很:一边是对欧洲能源危机的装聋作哑、"闷声发大财",一边是拿着扩音器歪曲抹黑中方对佩洛西窜台的反制举措,甚至污蔑中国暂停跟美国的气候变化商谈是在"惩罚全世界"。这种反差本身就说明了,"应对气候变化"在华盛顿看来,不过是它手里攥着的一根棍棒而已。

在应对气候变化问题上,华盛顿的动机从来就不单纯。据英国《金融时报》报道,美国证监会提出的气候信息披露新规则,实际上将把全球商业界的很大一部分置于美国监管之下,从而将治外法权提升到一个"新的水平"。华盛顿表面上披着高尚的道德外衣,心里盘算的却是利用全球性危机,控制全球规则和标准的制定权,形成于己有利的全球碳排放格局,同时试图遏制、打压甚至中断中印等发展中大国的工业化进程。

也因为发心不正,人们看到华盛顿在应对气候变化方面的标准线可谓无比灵活:当它需要其他发展中国家"出血"的时候,就高举道义大旗,声称这是"全世界最重要的一件事",使出各种"谈判手段"想压别国制定不合理的目标;当它需要维护一己私利时,气候问题就不再是"最重要的事"了,比如出于贸易保护主义,以"新疆问题"为借口制裁打压中国光伏企业,阻碍全球新能源发展。

一边"唱高调"一边"拖后腿",就是华盛顿在应对气候变化问题上的真实写照。美国之所以在《京都议定书》和《巴黎协定》上反反复复,根源在于把减排当工具而非目的。美国得克萨斯州近日宣布,将10家曾抵制化石燃料的公司"拉黑";美国最高法院不久前通过裁决，限制美环保署管控温室气体排放的权力。批评起别国，没有谁比华盛顿喊得更响；轮到履行自身责任，没有谁比华盛顿头埋得更低。

有的国家用嘴减排，有的国家用手减排，行为上的巨大差异，造成了实际效果的天差地别。中国始终重信守诺，从不开空头支票，在节能、提高能效、发展可再生能源、交通、建筑等领域所做的贡献基本上都占全球总量的30%~50%，2021年中国在绿色能源方面的投资比整个北美高出1000多亿美元。中国作为制造业大国，目前人均碳排放量不及美国一半。美国媒体也承认，来自中国的"嘲讽"让美国人感觉"刺痛"。

我们要说的是，在应对气候变化问题上，美国这个世界公认的差等生，根本没资格去找优等生的茬。中国始终是全球气候治理的行动派和实干家，希望美国也在这个问题上动机纯粹一些，而不是天天放空炮、比分贝、谋私利。

《环球时报》（2022年08月26日第14版）

古特雷斯的这个呼吁，美国不能再敷衍

环球时报社评

2022年以来，联合国多次就全球范围内的粮食危机拉响警报，8月20日，联合国秘书长古特雷斯在土耳其再次强调，俄罗斯化肥和农产品必须"顺畅地"进入世界市场，否则明年"可能没有足够粮食"。这是联合国秘书长站在维护全球共同利益、防止人道主义危机的最高立场上，向国际社会发出的重大呼吁，理应得到相关各国的积极响应和大力支持。

古特雷斯讲这些话是意有所指的。当前，俄罗斯化肥和农产品进入世界市场的最大障碍来自谁，主要卡在哪个环节，都并非什么秘密。虽然美西方国家没有将俄罗斯化肥及农产品列入制裁名单，但连古特雷斯也明确表示，这些产品的出口仍然受到"寒蝉效应"的影响。现实情况的确是，大多数国际贸易商因为畏惧美欧的制裁而不敢购买。

另一方面，美西方虽然取消了对俄罗斯粮食和化肥等出口的金融限制，但是货运限制问题仍然没有解决。俄罗斯船只被禁止前往地中海等重要港口，而外国船只也被禁止前往俄罗斯港口提取食物和其他

货物。也就是说，即使有人敢买，这些货要么难以运出来，要么需承担高昂运费。

可见，美西方对俄制裁事实上制造出多么强烈的恐怖氛围，正常的甚至带有公义性质的农产品贸易都受到强烈干扰和破坏。无论美西方为自己的制裁贴上多少个冠冕堂皇的理由，其造成的恶劣后果正越来越多地呈现出来。不仅粮食问题，很多发端于华盛顿的霸权主义、强权政治行为，绕了一大圈，最后都往往在一些发展中国家导致民生困难甚至灾难。说到底，终究是穷国、穷人承受了所有。

此外，一边是穷国百姓忍饥挨饿的场景，另一边却是华尔街和大粮商们的盛宴。被称为"四大粮商"的四家公司掌控全球75%至90%的粮食交易，其中三家都是美国公司。据美国媒体报道，粮价高涨让美国粮食巨头财富飙升，其中嘉吉家族中就有3人新入选此前彭博社评选的全球最富有500人名单，邦吉公司则将今年的盈利预期提高20%以上。对靠挑起他国战争获取不义之财的美国来说，粮食也成为其"暴富游戏"的一个筹码。

2022年5月，联合国世界粮食计划署发出警告，人类或将面临"二战后最大的粮食危机"，17亿人将面临饥饿问题。由于新冠疫情等负面因素还在持续发酵，目前北半球的极端干旱天气又将对全球粮食生产形成新的打击。相比起这些难以控制的"天灾"，给俄乌出口的农产品和化肥开辟出一条真正的"绿色通道"，显然成本最小、也最容易做到，而且效果也将是立竿见影的。这也是非洲、东南亚以及南美洲的许多农业生产国都急切期盼的。

第二章
美式虚伪若干表现

古特雷斯透露，联合国正在与美国和欧盟合作，以克服俄罗斯食品和化肥进入世界市场的障碍。作为联合国秘书长，他的话大概也只能说到这个份上了。但大家心里都明白，明年世界能否避免粮食危机，很大程度上取决于美国以及欧盟对联合国统筹协调的配合程度。国际社会不能寄希望于美西方自己提高觉悟主动改变，需要不断增加舆论和道德压力，督促着它们不打折扣地履行国际义务和职责。

一直有第三世界国家批评美西方对俄制裁加剧全球粮食危机。对此，美国曾作出各种辩解，声称自己"没有兴趣将粮食武器化，以牺牲弱势群体的利益来制造人道主义危机"。一个月前，美国还假模假式地示范表演去买俄罗斯的化肥，但现在仍然要让联合国秘书长如此操心，说明问题没有得到任何缓解，也说明美国根本就缺乏诚意和执行力。

8月19日是世界人道主义日，古特雷斯还向富裕国家发出了特别呼吁，希望它们打开钱包和心扉，帮助那些在全球粮食危机中首当其冲的人。接下来，就要看这些国家的实际行动了，国际社会的眼睛是雪亮的。

《环球时报》（2022年08月23日第14版）

乌克兰的"艰难日子",华盛顿的人血馒头

环球时报社评

到 2022 年 3 月 24 日,俄乌冲突持续了整一个月。世界所有爱好和平的人,都希望这场本可以避免的流血冲突早一天画上句号。但对手握解决俄乌冲突钥匙的美国和北约来说,人们却没有看到它们有任何结束战争的实际举动,反而还在激化矛盾、强化对抗,为俄乌谈判制造障碍。

美国总统拜登周三启程赴欧,他将在当地出席北约峰会、G7 峰会以及欧洲理事会会议。据报道,拜登此行将和欧洲盟友共同协调对乌克兰的下阶段军事援助,并将宣布新一轮的对俄制裁。很明显,拜登踩着俄乌冲突一个月的节点前往欧洲开展密集的外交攻势,但去"协调"的事情没有一件不是在火上浇油的。

值得注意的是,美国总统国家安全事务助理沙利文在谈及拜登此次欧洲之行时说,"乌克兰将迎来艰难的日子",因为"这场战争不会轻易或迅速结束"。这与其说是美国的一个"判断",不如说是华盛顿精心引导的方向。华盛顿就是希望这场战争不要结束,从而最大化地

第二章
美式虚伪若干表现

利用俄乌冲突,从中榨取地缘政治价值。换句话说,它要吃的就是俄乌冲突的人血馒头。

因此,尽管美欧看起来很热络,但双方的实质性分歧却在加深。华盛顿一心想要拖延俄乌谈判,而欧洲想要的却是安全与稳定。现在欧洲反战的声浪很大,这些声音里就包含着对华盛顿向乌克兰输送武器的不认同,越来越多的欧洲人认识到,一味往乌克兰输送武器的做法与他们所追求的安全目标无异于南辕北辙。而极限制裁带来的结果,一定是美国发财、欧洲埋单、乌克兰流血。华盛顿的这些小九九终究是藏不住的。

也因为如此,拜登才要在欧洲有动摇意向的时候去"稳定人心"。不难想见,华盛顿一定会从兜里掏出"跨大西洋友谊""民主联盟"等小卡片,把它当成世界VIP俱乐部的通行证分发给朋友们,用虚幻的"荣誉"来套取高昂的"会费"。它还对那些"不入会"的中立国家施加强大压力,一边批评印度"不坚定",一边渲染中国"威胁和平",这难道不是典型的黑帮做法吗?

正所谓"解铃还须系铃人",俄乌冲突是美俄矛盾激化的结果,解决问题的钥匙就在美国手里。华盛顿如果真希望乌克兰人民的"艰难日子"不要再继续,那它为什么选择去跟欧洲"协调"输送武器和制裁,却就是不肯直接和俄罗斯谈呢?答案很清楚,美国根本就不想要真正的和谈。所以,人们才会看到这样一个荒谬场景:尽管明知道解决俄乌冲突的出路在哪里,但华盛顿却仍要在一个死胡同的尽头,拼命擦拭那块"此路不通"的标牌。

看看美式"政治正确"

举着"民主"的幌子推行霸权、打着"和平"的旗号发战争财，华盛顿一直很擅长这类表演，但并不意味着它的套路永不过时。随着时间的推移，人们对这一点会看得越来越清楚。俄乌冲突的演变过程，最终将成为华盛顿"战争贩子"本质的又一次证明。

《环球时报》（2022年03月24日第14版）

美政客与媒体的"双簧"还能唱多久?

环球时报社评

最近,围绕乌克兰危机问题,华盛顿与美国媒体又唱起了"双簧"。在多次强拉中国"入局"未得逞后,他们又通过所谓"独家报道",援引美国"匿名官员"的话,编造了与乌克兰局势相关的很多情节。比如,声称北京知道俄罗斯将采取对乌军事行动,但要求对方在冬奥会结束之后,再实施进攻;再比如,声称俄罗斯要求中国提供军事和财政援助,并且进一步描述中方"倾向于同意提供相关援助"。

上述谎言编得有鼻子有眼,但就是没有证据。当然,这个问题也许有些多虑了:华盛顿给人栽赃抹黑,什么时候需要提供证据?不一直是"我说是就必须是"的霸道逻辑吗?如果非要"证据"的话也行,它会再次举起装着白色粉末的小瓶,或是拿出指使"白头盔"组织摆拍的视频……

《环球时报》日前从多个消息源了解到,《纽约时报》先后两次就乌克兰问题编造向中国泼脏水的报道,引述的"匿名高官"均来自白宫国安会。在近期的一系列虚假消息中,白宫和美国媒体连番上演"双簧",其意图十分明显:一方面是要歪曲中国的公正立场,在国际上抹黑中国形象,为其在战略上打压中国造势;另一方面则要离间中俄关系,企图实现"一箭双雕",缓解美国"两线作战"的压力。

当然,这背后则是华盛顿的霸道和野心:美国白宫国安会印太事务协调员坎贝尔2月底"主动"对外谈到,尽管存在乌克兰危机,美国仍将保持对"印太地区"的关注。为了维护霸权私利,编造谎言就成了华盛顿的"必备手段"。用古巴外长罗德里格斯的话说,美国惯于用谎言实现其政治目的。

2021年,就有美国"匿名官员"对媒体放风"中国军方三次拒绝美防长通话申请""武汉病毒所研究人员感染新冠肺炎""中方无意与美进行严肃或实质性的会谈",等等。这些事后都被证明是不折不扣的假消息,唯一的作用就是成为攻击中国的一颗颗"炮弹"。

美国前国务卿蓬佩奥回顾其在中情局局长位置上的过往经历时曾经公开说:"我们撒谎、我们欺骗、我们偷窃,我们还有完整的培训课程。"那么如何撒谎、欺骗呢?华盛顿和美国媒体引用"匿名官员"的话更容易将谎言当成有冲击力的"独家新闻"进行传播,舆论机器与外交情报机构联手会极大提高谎言的欺骗性。而美国的同盟体系和舆论霸权,也使它即便撒谎成性仍能获得一定附和、加持。这些都成了美国翻手为云覆手为雨的倚仗。

一个恶意造假,另一个故意装糊涂,华盛顿和美国媒体某种程度上形成了假新闻产、供、销"一条龙"链条。这既不专业,也不道德,更不负责任，只会使美国进一步失信于世界。正如有评论所称，每当人们看到"匿名官员透露""美国情报机构说"的新闻报道时，应该在心里把后面的一切都换成"他们可能在撒谎"。

因此，毫不令人感到意外，在对外战略转向所谓"大国竞争"的过程中，华盛顿会不断利用舆论霸权，通过媒体用虚假消息发起"舆论战"；当然，我们也可以断定，随着美国的国家信誉账户赤字越来越大，这种"双簧"迟早会唱不下去。眼下，当乌克兰的战火被华盛顿越拱越旺，当更为严重的能源危机、难民危机笼罩欧洲，美国的栽赃抹黑只能暴露它才是始作俑者，其"谎言帝国"真面目也将被更多人识破。

《环球时报》（2022 年 03 月 21 日第 14 版）

美国在演"苦情戏",欧洲需擦亮眼睛

环球时报社评

当地时间8日,美国总统拜登发表讲话宣布,禁止从俄罗斯进口所有石油、液化天然气和煤炭。这是迄今为止美国联合盟友对俄罗斯发起的最严厉制裁。拜登表示,此举打击的目标是俄罗斯经济的主动脉,"带给普京更多痛苦"。他还称,美国也要付出代价。但舆论普遍认为,这项制裁造成的痛苦和代价将主要由欧洲普通百姓承担。

统计显示,2021年欧盟约45%的天然气来自俄罗斯,俄罗斯也是欧洲最大的石油供应国。截至发稿前,欧洲天然气期货价格已经涨到3500欧元/千立方米,是平时价格的10倍。与之相比,美国根本不进口任何俄罗斯天然气,其石油和石油产品也只有8%来自俄罗斯。但美国舆论配合华盛顿的步调,宣称这些制裁将造成美国物价上涨,这实际上是演给欧洲看的一出"苦情戏"。

美国的通胀早在乌克兰危机之前就十分严重,它就算不制裁俄罗斯,国内油价依然会上涨,这很大程度上是美国自身经济结构失灵的

结果。但华盛顿却想借此把自己装扮成一个悲情"先锋",伪善地装出"你们有困难我也要孤军奋战"的模样,其根本目的还是要说服欧洲国家跟着它一起拒绝俄罗斯的能源。华盛顿非常清楚,只有欧洲参与,打击"俄罗斯经济主动脉"的目标才有可能实现。

对华盛顿来说,这当然是一笔好买卖,但欧洲却需要付出实实在在的沉重代价。德国已经明确表示不打算出台任何相关禁令,该国总理朔尔茨称"目前没有其他方法可以确保欧洲的供暖、交通、电力和工业的能源供应"。法国总统马克龙也在声明中直言不讳地指出美国并不依赖俄罗斯的石油和天然气,但欧洲需要。因此有网友称,美国此举是试图"杀死"欧盟,还要将其伪装成"集体自杀"的样子。

华盛顿正在用"煽动+胁迫"的方式,在全世界拼凑出制裁俄罗斯的"圈子",以确保美国地缘政治手段排挤俄罗斯效用的最大化。但事实证明,即使在跨大西洋联盟内部,各方的真实诉求和态度并不像表现出来的那么一致,美国不可能强行拉平。最近,华盛顿还要求非西方国家跟着它的指挥棒行动,这更是蛮横霸道,就像巴基斯坦总理伊姆兰·汗质问的:"我们是你们的奴隶吗?"

欧洲正面临着二战结束以来最严重危机,它的解决过程和最终结果,都将直接关系到欧洲的前途命运:是彻底沦为华盛顿的战略附庸,还是成为多极化世界中受尊重的一极,这在很大程度上取决于欧洲今天的作为和选择。客观而言,欧洲这些年一直在推动的战略自主进程,正在因乌克兰危机而遭受重挫。如果欧洲从此出现大分裂,必将进一步强化欧洲对美国的安全依赖,从而使得欧洲不可避免地丧失战略自主空间。

看看美式"政治正确"

不无讽刺的是,就在美国推出对俄"能源禁令"的前夕,一个美国高级代表团到访委内瑞拉,商讨取消对委能源制裁的可能性。委内瑞拉正是美国强力制裁的对象,两国已在2019年断交。现在为了制裁俄罗斯,美国又在委内瑞拉方向松口子,这也再次反映出这个国家制裁手段的捉襟见肘,只好"拆东墙补西墙"。

目前俄乌还在谈判,而且已经有了局势缓和的零星迹象。但华盛顿巴不得把这些迹象全都快速掐灭,它在全力以赴地将这场危机推向另一个高潮,这是无利不起早的一个明确信号。它不遗余力地劝说和拉拢欧洲,是因为欧洲才是华盛顿手里最大的武器。美国要"打败俄罗斯",就必须祭出欧洲。或许,美国一直需要战争,但欧洲需要吗?

应该看到,俄乌冲突刺激了欧洲社会的情绪,推升了老百姓对安全的担忧。华盛顿显然在投机式地利用这种情绪,激化既有危机。但历史已经反复证明了,极限制裁从来没有真正解决过问题,它不仅换不来和平与安全,反而只会给相关地区的经济和民生造成严重困难,甚至引发地缘政治动荡。愿欧洲能够擦亮眼睛。

《环球时报》(2022年03月10日第14版)

第二章
美式虚伪若干表现

自私和虚伪是华盛顿的战略底色

环球时报社评

乌克兰局势突变以来，此前多次承诺会在关键时刻给予乌克兰保护，并不断给局势"火上浇油"的美国再次受到关注。乌克兰总统泽连斯基发表视频讲话，抱怨西方国家抛弃乌克兰，任其孤军奋战。甚至有西方网友质疑，"激发了这场战争、说我们以各种方式和乌克兰站在一起的美国去哪了？"

可是，美国真的消失了吗？事实恰恰相反，它很忙，忙着火中取栗，忙着从乌克兰的战火中榨取更多"战略利益"。在白宫发布的美国最新就俄乌局势的评论中，突出强调的内容有两点，一是要通过制裁等措施让俄罗斯成为国际舞台上的"弃儿"，二是北约比以往任何时候都更加团结和坚定，并称之为一个"好消息"。

而对被美国作为消耗俄罗斯"棋子"的乌克兰，华盛顿除了重申不会派兵外，只有一句"支持乌克兰人民保卫国家"，以及表示"将提供人道主义救济以减轻他们的痛苦"。华盛顿再次向世人展示了它的极端自私和虚伪。人们仿佛看到，它在把乌克兰推入火坑以后，却站在一旁故作关心地说着"我支持你，你要加油"。

应该说，乌克兰局势演变到今天是一场地缘政治的悲剧。它从一开始就是美国出于战略自私和短视种下的一个"苦果"。早在1998年美国国会参议院批准北约东扩计划时，被称为美国"遏制战略之父"的乔治·凯南就预言了今天的悲剧，称这种扩张会让美国制宪元勋们"九泉之下不得安宁"。

不过，自以为是的美国政治精英们总认为自己可以从危机中渔利，多年来美国挑动矛盾、"离岸领导"，坐享其成。华盛顿习惯了做一个几乎没有成本的拱火者，要的是实现自己眼前的利益，而被它拱到最前边的当地人民将遭遇什么，不在其考虑范围内。当危机真正来临时，当初所谓的"承诺"会成为绕来绕去的外交辞令，并不关心当地民众疾苦的政客却又拿着"人道主义"的招牌来招摇过市。

这不禁让人想起去年抛弃阿富汗前政权时，美国也多次口口声声说会给阿富汗提供"人道主义"援助。更令人震惊的是，美国向阿富汗提供的所谓"人道主义"援助没见着多少，阿富汗央行存在美国的70亿美元不久前却被他们瓜分了。作为阿富汗问题的始作俑者，美国在满足战略私利之后，留给当地的只有"雪崩般的饥饿和贫困"，导致上百万儿童严重营养不良。

满嘴的仁义道德、满腹的利益算计，华盛顿自私和虚伪的战略底色，在国际政治实践中一次又一次被揭露。有报告显示，美国在"9·11"后发动的战争，已至少迫使住在或来自阿富汗、伊拉克、巴基斯坦、也门、索马里、菲律宾、利比亚和叙利亚等国的 3700 万人流离失所。以至于有声音说，美国干涉到了哪里，冲突、混乱、恐怖主义就出现在哪里。

大国之所以为大国，不在于它拉帮结派的能力有多强，也不在于它实现一己私利的能力有多强，而要看它维持国际和平的责任和能力。一个只顾一己私利、四处煽风点火、不断输出祸乱的国家，哪怕再强大，最终信誉破产、霸权终结的结局也是必然的。

至于那些依然存在幻想、甚至为虎作伥的国家和地区，乌克兰危机是一个很好的提示：无论如何，一个在你身处困境时却宣布"好消息"的"伙伴"，是绝对不值得信赖的。

《环球时报》（2022 年 02 月 26 日第 07 版）

第三章

美国的人权双标

深度阅读

操弄"人权双标",美在全球制造动荡

李志伟　陈子帅

编者的话:"'9·11'这样惨痛的教训应让美国警醒:一个狂妄自大的民族是不可能进步的,一个试图把自己的意志强加给别人的强国必然会尝到恶果。"常在美国《新闻周刊》等媒体撰文的时政评论家赫兹加德,曾这样敦促美国人认真反思对外政策中有哪些行为并不符合他们经常挂在嘴头的"民主、自由"等价值观。客观地说,"9·11"事件后,美国受到外国武力威胁的环境是不存在的,但其对他国滥用武力和新干涉主义行径却有增无减,造成全球战火频仍、动荡持续和人道主义灾难多发。美国还一直把"人权"当作工具和攻击他国的武器,通过操弄"人权双标(人权双重标准)",大搞国际对立,打压非西方国家。在所谓的"政治正确"影响下,美国精英群体制定的相关外交政策不仅虚伪、高度不负责任,还具有极大破坏性。

"扯上一面旗，海盗船的货物就有了保障"

《军事干预项目：1776年至2019年美国军事干预的新数据集》是美国塔夫茨大学教授托夫特和马萨诸塞州布里奇沃特州立学院助理教授库希近日联合撰写的一份报告。报告结论是，美军事霸权主义危害全球和平稳定。自建国以来，美国已在全球进行过近400次军事干预，其中200多次发生在二战后，34%针对拉丁美洲和加勒比地区，23%针对东亚和太平洋地区，14%针对中东和北非地区，13%针对欧洲地区。冷战结束后，美国的海外军事干预行动不减反增，愈发倾向于使用武力而非外交手段，有超过1/4的军事干预发生在这一时期。2000年以来，美国已进行30次4级干预（使用武力）或5级干预（战争）。撰写报告的库希表示："这些数据确实令人惊讶，我们没有料到美国军事干预的数量和严重程度会这样大。"

谈及此报告，中国国际问题研究院美国研究所所长沈雅梅认为，美国一贯注重为本国的军事霸权赋予道德内涵，用价值观学说掩饰本国的武力扩张。这种道德包装的自觉早在美国独立之初就有体现。最早移民到此的白人盎格鲁—撒克逊新教徒编织了一套浪漫的"立国神话"，宣扬美国人是"上帝的选民"，有义务去创建尘世天堂即"山巅之城"，并肩负起"教化世界"的使命。这套新教伦理学说奠定了美国政治文化的起点，为美国人设计了在全球精神再生中发挥领导作用的特殊角色。正如美国历史学家迈克尔·H·亨特在《意识形态与美国外交政策》中说，"按照种族等级观念行事，决定了美国对其他国家的态度"，"他们自认为自己的种族处于中心地位，这是

第三章
美国的人权双标

他们的世界观"。

在沈雅梅看来,这种"英雄主义叙事"的背后,美国人历史上对北美的掠夺、对印第安原住民的屠戮、对非白人族裔的隔离迫害记录被有意封存了。事实是,美国崛起史就是一部侵略扩张史。独立战争打出为捍卫"天赋人权"而战的口号,本质是重新确定美英之间的利益规则。美国发动美西战争的自辩是,"为了反抗西班牙在殖民地的暴行",实则旨在攫取区域霸权。两次世界大战时,美国已有明显的全球扩张欲望,欲充当"善意的领导"。二战后,美式政治制度的扩张,从德国到日韩,从东欧到中东,都离不开美国基于武力的政治改造、政权颠覆和驻军威慑。武力,是美国谋取利益的大棒,价值观只不过是美国崇尚武力这棵文化大树上结出的果实。与此同时,新闻媒体对美国"政治正确"泛滥起了推波助澜的作用。在美国政府发动的历次战争中,反战者就被一些媒体指控为"不爱国",甚至叛国。

中国社科院美国研究所研究员洪源认为,外交是内政的延伸,美国长期撕裂的社会族群族裔和分裂、双标的国际战略正是一对相辅相成的内外逻辑关系对照。即美国长期依靠欧美文明下的核心价值观——"民主""人权"等来向世界各国进行强迫挤压式的"民主输出",但另一方面,美国又是一个野蛮的、脱胎于奴隶制的金融霸权主义国家,在大搞世界霸权的同时,必然对内对外都是"口惠而实不至",骨子里的逻辑思维仍旧是"扯上一面旗,海盗船的货物就有了保障",即夸夸其谈所谓"政治正确",但实际操作却是另一回事。

国际社会给美国提出 347 条改进意见

美国还一贯注重凭借其强大的实力优势，用人权"普世性"掩藏霸权的阶级性。20世纪两场热战和一场冷战后，美国以"胜利者"姿态成为世界唯一的超级大国，"领导世界"的心态尤为突出，更为积极地进行价值观输出，极力把自己的文明变成其他国家效仿的榜样。沈雅梅告诉《环球时报》记者，在这方面，美国学术界没少出力，用"自由""民主""人权"这样具有"普世性"的词汇，取代了指向性明确的"资本主义经济"和"资本主义政治制度"称谓，把西方资产阶级的特殊价值观包装成"普世真理"向世界推销。通过假定人权是普世的，美国制造出把自身"人权"标准强加给别国的理由，并常以别国"不遵守人权"为由对其施加惩罚。

正因如此，涉及他国的人权和生存权时，美国两党对外政策中长期以来都是奉行双重标准。1988年7月3日，美国击落伊朗民用客机，造成机上290名无辜民众死亡。有人问后来的老布什总统是否道歉时，他的回答竟然是："我永远不会以美国的名义道歉。我从来不在乎都有哪些事实。"美国的对外援助计划都是有条件的，或是强迫别国必须接受其附加的政治条件，或是接受破坏本国经济体系的贸易政策。1991年12月，时任世界银行首席经济学家劳伦斯·萨默斯建议把"污染性工业"转移到那些欠发达国家中去，原因是"损害健康甚至导致死亡的污染成本因此会低一些"。尽管萨默斯受到普遍谴责，但他还是在1999年被克林顿政府任命为财政部长。

保护国际人权是美国外交"一个美丽的谎言"，美国以"人权"

第三章
美国的人权双标

之名搞霸权之实本身就是对人权原则的违反。以自己的"政治正确""双重标准"为基础，美国用"人权"消解别国主权，推行新干涉主义。据不完全统计，从二战结束到2001年，其中，美国以"人权""维和""反恐"等为由在全球发起201场武装冲突，占到总数的81%。从1945年到上世纪末，美国在世界范围内曾试图推翻过40个以上的外国政府。进入21世纪以来，美国还用"人权"抹黑别国制度，制造"颜色革命"。格鲁吉亚"玫瑰革命"、乌克兰"橙色革命"以及"阿拉伯之春"等美国煽动和策划的"颜色革命"背后也都有中情局及其资助的美国国家民主基金会的身影。"9·11"事件后，小布什政府发动阿富汗和伊拉克战争，推出所谓的"大中东民主计划"，将美式人权与民主强加给中东国家，造成地区的持续动荡。

用"人权双标"绑架别国发展，实施单边制裁，也让世人看到美国政府的无耻。2022年2月，美国以"保护阿富汗央行特定财产、维护阿富汗人民利益"为名，公然抢劫一个正在痛苦重建中的国家的财富——冻结阿在美国的70亿美元资产，并发布美国总统行政令分走其中35亿美元。俄乌冲突爆发后，美国冻结和没收俄罗斯富豪在美资产。美国长期以来鼓吹的"私有财产神圣不可侵犯"沦为空谈。

令国际社会失望的还有，美国用"人权"搅乱国际合作，危害全球治理。美国参与全球人权治理从来都是"宽于待己，严于律人"，以狭隘的国家利益为优先，将自身的人权问题美化为"传统文化"，却利用所谓人权议题攻击别国政治制度，将人权政治化、工具化，实际上是在延伸美国的制度霸权。2021年3月，116个国家和有关国际机构在联合国人权理事会第46次会议上对美国人权状况进行评议，直指美国在人权问题上的劣迹，提出347条改进意见，足见是非有众议、公道在人心。

美国陷入一场"价值观危机"

在沈雅梅看来，美国的一些政客惯于操弄"双重标准"把戏，他们把"草根"的民主叫"民粹"，不舒服的真相叫"假新闻"，不接受的秩序叫"后秩序"，把他们主导的游戏叫"规则"，期望的他国政变叫"春天"，策划的海外战争叫"解放"，把他们自己的小圈子叫"国际社会"。然而，美国这种扭曲的"政治正确"在国际社会还能延续吗？

研究美国问题的学者均认为，"人权双标"于美国外交而言已是沉重负债。从内部看，美国自身人权劣迹暴露其道德软肋。"9·11"事件后，美国以"反恐"为名，通过严苛的国土安全措施，限制个人自由，侵犯和剥夺美国及其他国家公民的一些基本权利。在关塔那摩监狱虐囚事件引起国际关注和愤慨后，美国仍未关停其海外拘押场所，酷刑等侵犯人权行为仍在持续。2008年以来，金融危机所暴露的经济不平等危机、政治极化所带来的民主危机，打乱了美国社会在现代资本主义模式下形成的价值观共识，现行制度无法有效应对危机或提供稳定的解决办法，使美国陷入一场"价值观危机"。移民政策、种族问题及"国会山骚乱"等种种社会乱象削弱了"美式民主"的信誉和吸引力。

从外部看，美国对世界人权的侵害引发反弹。"9·11"事件后，曾任美国驻斯洛文尼亚大使的阿兰·温特在英国《金融时报》上发表公开信，敦促美国除了追查恐怖分子外，还需要一点认真的反省，并建议说："我们必须克服自以为是的传统观念，即总是认为美国是一贯

第三章
美国的人权双标

正确的，只有我们的方法才是唯一的方法。"可惜的是10年之后，美驻斯大使穆索梅利忘记了前任的忠告，因干涉驻在国内政而被斯洛文尼亚政府谴责和警告。这让人想起美国南卡罗莱纳大学教授杰里尔·A·罗赛蒂在《美国对外政策的政治学》一书中毫不讳言的一段话："当美国对外政策公开承诺要促进民主之时，它却操纵一个外国的民主选举。"

曾任华盛顿经济战略学院院长的克莱德·普雷斯托维茨在《流氓国家——谁在与世界作对？》一书中写道：美国是几千项国际条约的缔约方，但它从未完整地执行过这些条约。美国的做法，也让盟友不满。曾有英国外交官这样表示："美国一贯宣扬法治，到头来却总是将自己凌驾于法律之上。"当2001年初，美国政府拒绝执行控制全球变暖问题的《京都议定书》时，英国《卫报》这样评论说："美国这个'不可或缺的'国家现在更像一个最无赖的国家，不去领导国际社会，而是一心要与国际社会对抗。它不再想着做阳光灿烂的'山巅之城'，而是一个劲地发出美式民族主义的叫嚣——我们想干什么就干什么，如果你们不喜欢，就只能忍着。"

"事实证明，美国在外交上表现的'政治正确'已经给全世界人民留下了深刻负面印象，即美国致力于自我破坏和对外破坏。"外交学院国际关系研究所教授李海东告诉《环球时报》记者，美国丝毫不顾自身存在的巨大问题和内部分裂，反而试图在世界范围内制造更严重的对立与分裂。在"政治正确"情绪弥漫下，美国精英群体所制定的相关外交政策，反射出美国自身的虚伪、高度不负责任以及对外破坏性。

《环球时报》（2022年10月18日第07版）

看看美式"政治正确"
KAN KAN MEI SHI "ZHENG ZHI ZHENG QUE"

拓展阅读

新冠肺炎死亡超百万,一场不该出现的"国家悲剧"
——美国当深刻检讨自身的人权赤字①

钟 声

> 回顾美国沦为"抗疫失败国"的历程,可以清晰看到,美国政客坚持政治私利优先、资本至上,他们口中的所谓人权,对疫情下的美国民众而言不过是镜中花、水中月

在美国新冠肺炎死亡病例达百万之际,美国各界近日以各种方式表达哀思。在首都华盛顿特区,美国国家大教堂在暮色之中敲响1000下钟声,持续达90分钟。这钟声既是纪念哀悼,也是警醒拷问。美国拥有世界上最丰富的医疗资源和医疗护理能力,却在27个月的时

第三章 美国的人权双标

间内导致百万人死于新冠肺炎,美国抗疫政策的失败,足以让人看清美式人权的虚伪面目。

面对世纪疫情,坚持人民至上、生命至上,真正敬佑每一个生命,才是对人权最大的尊重和最好的保护。然而,美国政客不作为、乱作为,导致本国新冠肺炎确诊病例、死亡病例数长期高居全球第一。两年多来,疫情留给美国民众的共同记忆,有难以与至亲做最后告别的悲痛,有养老院出现大量死亡病例的恐惧,也有20多万儿童沦为"疫情孤儿"的苦涩……如今,美国新冠肺炎死亡病例数几乎是美国在两次世界大战中死亡人数的两倍,相当于美国第十大城市加利福尼亚州圣何塞的总人口。"每一位逝者都给人留下伤痛""每一个数字都代表着我们失去了一位祖父母、一位爱人或一个有着自己独特故事的人"……美国媒体指出,这场不该出现的"国家悲剧",将"永远被记录在历史书上"。

回顾美国沦为"抗疫失败国"的历程,可以清晰看到,美国政客坚持政治私利优先。为维护选票利益,美国政客刻意淡化疫情风险。所谓新冠肺炎是"大号流感"、死亡率"非常低"、疫情会"奇迹般地消失"等言论,成为美国民众对本国政客冷漠态度的永久记忆。从核酸检测、佩戴口罩到保持社交距离,从医疗战略储备分配、制定紧急纾困法案到推广疫苗接种,美国两党一直相互攻讦、否决、对抗,联邦政府和地方政府长期各行其是、相互掣肘,抗疫大局被各方政治算计所裹挟。美国一些政客口中的所谓人权,对疫情下的美国民众而言不过是镜中花、水中月。

将短期经济利益、资本利益凌驾于公共卫生安全、民众生命健康之上,这是美国抗疫失败的又一重要原因。据报道,白宫新冠病毒应

看看美式"政治正确"

对工作组与国家安全委员会2020年2月合作准备了一份疫情应对备忘录,明确建议采取一系列严格管制措施。但美国政府决策层在得知相关措施可能导致美国股市崩盘后,立刻否决了该备忘录。在美国一些政客眼中,资本利益远高于民众生命健康权,以至于出现"老人应主动为经济而牺牲"等荒唐言论。白宫新冠病毒应对工作组前协调员德博拉·伯克斯在新书中坦承,美国本可以通过更好的领导力来大幅减少死亡人数,但事实却相反。

民众生命健康权因肤色、年龄、财富差异而不平等,这是疫情暴露的美式人权真相。美国高校的研究表明,疫情导致美国非洲裔和拉美裔的平均预期寿命下降了2.1岁和3.05岁,远高于白人平均预期寿命下降的0.68岁。美联社记者分析数据后发现,在百万新冠肺炎逝者中,65岁及以上老年人占比约3/4。美国穷人权益组织发布报告指出,美国贫困县的疫情总体死亡率几乎是富裕县的两倍,而死亡率最高的300个县中,平均有45%的人口生活在贫困线以下。在回答有关美国疫情防控过程中存在明显公平缺失的问题时,时任美国领导人曾说"这就是生活",深刻折射出美国价值观深处的"社会达尔文主义"基因。美国密歇根州立大学流行病学家德布拉·弗—霍尔登直言,在一个"对人的生命价值有等级观念的社会",接受老人、少数族裔等群体的损失是很容易的。

人权不是口号,保护人权应体现在具体行动上。近来,美国新冠肺炎新增病例数、住院病例数再现上升潮。面对依旧严峻的疫情形势,美国政客如果真关心人权,就应该认真吸取百万生命逝去的惨痛教训,切实守护好民众的生命健康权利。

《人民日报》(2022年05月16日第03版)

控枪无力沉疴难返，枪声击碎美式人权幻象
——美国当深刻检讨自身的人权赤字②

钟 声

> 利益集团与政客的金钱瓜葛，是美国枪支暴力顽疾难除的根本所在。枪支暴力顽疾难除，也是美国治理失灵的集中体现

2022年5月14日，枪支暴力悲剧再次在美国上演。在纽约州布法罗市一家超市，一名18岁白人男性开枪造成至少10人死亡、3人受伤，受害者绝大多数为非洲裔，警方称枪击是"出于种族动机的暴力极端主义"。《华盛顿邮报》指出，这是今年以来美国发生的最严重枪击事件，也是近年来植根于仇恨和种族主义的又一起暴行。

枪支暴力是美国社会的"流行病"。根据非营利组织"枪支暴力档案"网站发布的统计数据，美国枪击事件导致的死亡人数从2019年的39558人上升到2020年的43643人，2021年进一步上升到45005人。截至5月16日，美国今年已有16058人在涉枪事件中丧生。

看看美式"政治正确"

KAN KAN MEI SHI "ZHENG ZHI ZHENG QUE"

美国吉福兹防止枪械暴力法律中心的报告指出，枪支暴力的代价令人震惊，几乎每个美国人一生中至少会认识一个枪支暴力的受害者。"各个年龄段的美国人都担心在音乐会、电影院和教堂发生枪击事件。孩子们在尖利的警报声中，慌忙躲在课桌下避开子弹，此类应对校园枪击案演习，成为一代美国人的集体回忆。"

枪支暴力事件频发的背后，是美国社会根深蒂固的极端枪支文化。美国前总统林登·约翰逊曾说："枪支是美国犯罪活动中主要的死亡工具，这源自我们漫不经心的枪支文化。"美国以占世界4.2%的人口保有世界46%的民用枪支，总数量高达3.93亿支，每100个美国人就有120支枪。在拥枪派利益集团的推波助澜下，枪支文化在美国社会根深蒂固。全国步枪协会是美国拥枪派最坚实的堡垒，其观点荒谬至极："开枪的是人而不是枪支，汽车同样可以杀人，为什么不禁止汽车。阻止枪支暴力的最好办法是让更多的好人持枪。"加州大学洛杉矶分校法学教授亚当·温克勒指出，持枪权与控枪立法本身并不矛盾，问题的根源在于拥枪派组织长期宣扬极端枪支文化，其强大的游说能力导致控枪立法早早被扼杀在摇篮中。

利益集团与政客的金钱瓜葛，是美国枪支暴力顽疾难除的根本所在。正是因为枪支利益集团为政治选举提供大量捐款并通过游说政客操纵政策，美国已有超过25年未通过重要控枪法律。据《华盛顿邮报》披露，2019年，在美国多地相继发生大规模枪击案后，共和党政府曾考虑与民主党合作推动控枪立法，但全国步枪协会接连向白宫打去几十个电话，共和党担心推动控枪将影响其支持率，遂放弃了该想法。美国现任政府在控枪议题上同样雷声大雨点小，直到今年4月才出台监控"幽灵枪"的新规。但即使这样一纸规定，也遭到了共和党人批评，一些拥枪组织甚至表示将对新规提起诉讼。金钱政治将政客与利益集团捆绑，政客在控枪问题上相互攻击、相互掣肘，民众却在付出生命代价。主张控枪的活动人士日前在美国首都华盛顿放置1100多个黑色裹尸袋，组成英文短语"思念和祈祷"，讽刺美国政客在枪击事件发生后例行公事、千篇一律的表态。

枪支暴力顽疾难除，是美国治理失灵的集中体现。美国媒体分析指出，纵观全美近年来的枪击案，从单纯的治安事件到仇恨犯罪、种族主义、贫富分化带来的极端事件，深刻反映了美国治理中存在的诸多难题。哈佛大学肯尼迪政府学院高级研究员托马斯·阿卜特研究发现，美国超过1/4的凶杀案发生在仅占美国人口1.5%的社区内，这些地方的特征是严重贫困、教育水平低下和种族歧视严重。"解决枪支暴力需要政府进行大规模干预，解决包括社会不平等、种族主义、贫困等诸多问题，但受制于美国政治极化现实，这几乎是不可能实现的。"

生命权是最大的人权。一声声枪响击碎了美国所谓"人人得享不可剥夺的生存与自由"的人权幻象，促使人们对美式人权进行深刻反思。如果连大量无辜生命的逝去都无法推动控枪，人们有足够理由怀疑美式民主的成色。

《人民日报》（2022年05月17日第03版）

贫富分化加剧社会不公,人权债只会越欠越多
——美国当深刻检讨自身的人权赤字③

钟 声

> 高通胀给美国民众带来的非对称影响,是美国社会长期以来富者愈富、穷者愈穷的真实写照。美式民主的异化已成为美国底层民众享有和实现人权的严重障碍

美国劳工部公布的数据显示,2022年3月美国消费者价格指数同比增长8.5%,创下1981年12月以来最高纪录,4月同比增长8.3%,仍处于几十年来最高水平。这两年来,居高不下的通胀率已经成了美国挥之不去的梦魇,导致美国许多贫困家庭的日子更加难过。有的家庭甚至不得不面临"是给汽车加油,还是支付孩子的托儿费"的艰难抉择。高通胀下,美国贫困家庭的生活窘境,反映出美国贫富差距越拉越大的残酷现实。

高通胀吞噬美国民众可支配收入,低收入家庭首当其冲。数据显

示,过去一年,美国劳动者的平均时薪增长5.6%,远低于当前的通胀率。高通胀对生活开支占预算大头的穷人伤害显著,但对富人的影响则小得多。美联储理事莱尔·布雷纳德表示,低收入家庭将77%的收入用于购买生活必需品,高收入家庭中这一数字仅为31%。美国宾夕法尼亚大学沃顿商学院的报告指出,受高通胀影响,预计今年美国贫富差距将进一步拉大,美国的贫困率也将继续上升。

高通胀给美国民众带来的非对称影响,是美国社会长期以来富者愈富、穷者愈穷的真实写照。美国是贫富分化最严重的西方国家,2021年基尼系数升至0.48,几乎是半个世纪以来的新高。美国智库政策研究院报告称,1990年至2021年,美国亿万富翁的总体财富增长了19倍,而同期美国中位数财富只增加了5.37%。新冠肺炎疫情发生后,美国实施"大水漫灌"政策,导致财政赤字飙升、货币超发,而真正受益的只有少数富人群体。英国牛津经济研究院测算,2020年3月至2021年1月,美国国内收入排名前20%人口的财富增加约2万亿美元,而排名后20%人口的财富减少逾1800亿美元。美国知名投资人斯坦利·德鲁肯米勒直言,美联储不计后果地印钞,是加剧社会财富水平两极分化的罪魁祸首。

贫富分化加剧社会不公,美国底层民众面临的人权问题日益严重。美国穷人感染新冠肺炎病例更多、死亡率更高并非偶然。疫情发生后,数千万美国人陷入食物危机,穷人预期寿命持续下降……美国穷人权益组织负责人巴伯指出,美国政府"在疫情期间忽视这个国家的穷人和低收入人群,做法是如此无德、令人震惊且极不公正"。当美国民众享有的生命权、健康权需要用财富的多少来衡量时,所谓"人人生而平等"只能成为空话,人人得享人权更是不现实的。

看看美式"政治正确"
KAN KAN MEI SHI "ZHENG ZHI ZHENG QUE"

贫富分化痼疾难除，根源在于美国政治经济制度失灵、治理失序。美国政客大肆宣扬的美式民主，早已经沦为"富人有、富人治、富人享"的游戏。从 2011 年的"占领华尔街"运动，到去年的"大猩猩"对视华尔街铜牛事件，民众对贫富分化的不满和声讨从未停止。然而，美国政客不但没有拿出填平鸿沟的行动，还通过人为的政策选择进一步制造贫富差距。诺贝尔经济学奖获得者斯蒂格利茨认为，美国政治经济体制是造成经济不平等的元凶。美国哥伦比亚大学教授杰弗里·萨克斯一针见血地指出，40 年来，美国政治已成为一场圈内人的游戏，以牺牲绝大多数公民的利益为代价，来偏袒超级富豪和企业游说集团。

"国家有权利和义务制定适当的国家发展政策，其目的是在全体人民和所有个人积极、自由和有意义地参与发展及其带来的利益的公平分配的基础上，不断改善全体人民和所有个人的福利。"30 多年前，联合国大会通过的《发展权利宣言》如是写道。今天，美式民主的异化已成为美国底层民众享有和实现人权的严重障碍。走不出治理困境，美国只会欠下越来越多的人权债。

《人民日报》（2022 年 05 月 20 日第 16 版）

第三章 美国的人权双标

粗暴对待非法移民,暴露"人权卫士"伪善面目
——美国当深刻检讨自身的人权赤字④

钟 声

> 美国面临的非法移民问题,很大程度上是其长期推行的霸权主义政策的恶果。美国政府应当采取负责任举措,保障移民基本人权,兑现对地区国家承诺,避免更多人道主义悲剧发生

美国海关与边境保护局近日公布的数据显示,美国执法部门继2022年3月在美墨边境逮捕了21万名非法移民、创下2000年3月以来单月最高纪录后,4月又在美墨边境逮捕超过20万名非法移民。美国将许多非法移民羁押在条件恶劣的移民拘留中心,严重侵犯其人权,引发国际社会普遍关切。

美国执法人员粗暴对待寻求庇护者,导致边境人道主义危机持续加剧。据《纽约时报》报道,2021财年,美国执法部门在美墨边境逮

看看美式"政治正确"

捕非法移民约170万人次，是1960年有记录以来的最高值。美国执法人员的暴力手段也在不断升级。2021年9月曝光的视频显示，美国边境警察骑马挥鞭，驱赶试图入境的来自海地的寻求庇护者，甚至将他们驱赶到河水里，野蛮行径令人震惊。美国羁押移民的拘留设施大多由私营公司建设运营，内部环境恶劣，监管严重缺位，侵犯人权的现象屡屡发生。美国官方公布的数据显示，2021财年，美国南部边境有高达557名移民死亡，比上一财年增长一倍多，创下1998年有记录以来的历史最高值。媒体报道称，"真实的移民死亡数字可能更大"。

美国执法部门对非法移民儿童的人权侵犯更是令人触目惊心。美国上届政府曾推行"骨肉分离"移民政策，导致大量非法移民儿童与父母分离，许多儿童至今仍无法找到自己的父母。这一政策虽已迫于压力叫停，但美国对待非法移民儿童的做法并没有多少改观。《今日美国报》网站2021年11月报道指出，新冠肺炎疫情发生后，美国政府援引"公共健康法"相关规定，对所有试图跨越边境的难民移民进行集体驱逐，创造了"骨肉分离"移民政策的2.0版，迫使许多未成年子女与父母分离。有数据显示，近几年被羁押的26.6万名非法移民儿童中，2.5万人的羁押时间超过100天。有关羁押设施内部管理混乱，经常发生虐待、强迫劳动等侵犯人权现象，给被羁押的孩子带来严重的身心创伤。"美国政府一直延续着上届政府的移民政策，延续着对人权的践踏和对尊严的破坏。"萨尔瓦多移民问题专家塞萨尔·里奥斯指出。

美国面临的非法移民问题，很大程度上是其长期推行霸权主义种下的恶果。在提出"门罗主义"后的近200年时间里，美国30多次军事介入拉美国家，导致不少拉美国家陷入长期动荡和贫困。"许多

第三章
美国的人权双标

抵达边境的移民是美国政策的双重受害者。他们逃离美国支持的暴力和政变,然而一旦到达美国就会遭到暴力逮捕、监禁和性侵犯。"美国《解放报》的文章深刻揭示了美国在移民问题上的历史和现实责任。美国不思从源头上解决问题,迟迟不兑现其支持地区国家发展以解决移民问题的承诺,却一再要求拉美国家负起责任,这一消极态度引发地区国家的批评。墨西哥总统洛佩斯表示:"我们什么都没得到。话说够了,是时候行动了。"

美国政府将移民政策政治化,摇摆不定,也是导致边境移民危机的主要原因之一。美国上届政府为迎合选民,奉行严苛的移民政策,在美墨边境扩建隔离墙。现任美国政府曾承诺推出所谓"有序"和"人道"的边境移民政策,但在执政8个月后就收回了终止移民驱逐令的许诺。2022年,美国中期选举在即,移民问题再次成为两党博弈的筹码。正如美国《政治杂志》所指出,"移民问题只不过是美国政客手里的政治工具"。美国两党将政治私利凌驾于人道主义之上,使移民沦为"政治棋子"。

残酷对待处境艰难的非法移民,暴露出美国所自我标榜的"人权卫士"的伪善面目。面对国际社会的关切,美国政府应当采取负责任举措,切实保障移民的生命权、健康权等基本人权,认真兑现对地区国家的承诺,避免更多人道主义悲剧的发生。

《人民日报》(2022年05月24日第02版)

少数族裔"无法呼吸",种族主义贯穿美国政体
——美国当深刻检讨自身的人权赤字⑤

钟 声

> 当人们最重要的生命权、生存权都需要用肤色来衡量时,这样的社会哪里谈得上平等,哪里还有真正的人权?

2020年5月25日,美国非洲裔男子乔治·弗洛伊德遭白人警察跪压致死,全美随之暴发长时间、大规模的"黑人的命也是命"抗议浪潮,"我无法呼吸"成为美国少数族裔反抗本国种族主义的代名词。然而,两年来,系统性种族主义这一美国"灵魂上的污点",仍是美国少数族裔实现人权的巨大障碍。正如《华盛顿邮报》近日所指出的:"(两年前)人们走上街头要求问责、正义和改革,呼吁肤色不应该成为伤害的目标。但两年过去了,进展微乎其微,非洲裔依然无法呼吸。"

种族主义是美国社会根深蒂固的毒瘤,造成的少数族裔人权悲剧

第三章
美国的人权双标

仍在继续。据《今日美国报》网站报道，在弗洛伊德被警察暴力杀害后的一年里，执法人员在美国又杀害了数百名少数族裔。民间社会团体提供的数字显示，2021年美国有266名非洲裔美国人被警察杀害，非洲裔美国人死于警察暴力的可能性"几乎是白人的3倍"。2022年3月，在联合国人权理事会第四十九届会议上，联合国人权事务高级专员巴切莱特表示，美国执法人员暴力执法造成的非洲裔美国人死亡人数持续居高不下，有关当局应采取切实措施，确保对此类事件进行调查并将肇事者绳之以法。

种族主义是美国的制度性、系统性缺陷，体现在美国社会的方方面面。美国斯坦福大学新闻网2021年2月发表系列文章指出，在教育领域，有色人种儿童在学校受到更为严密的监视；在司法领域，有色人种尤其是非洲裔更容易成为执法人员的目标；在经济和就业领域，非洲裔等少数族裔从应聘职位到获取贷款都更容易遭受歧视。美国城市研究所指出，在美国，结构性种族主义将有色人种社区与向上流动的机会隔离开来，使有色人种更难获得高质量的教育、工作、住房、医疗保健和司法上的平等对待。《美国新闻与世界报道》杂志去年发布的报告显示，美国在种族平等方面排名全球倒数第十位。

种族主义痼疾加剧美国社会分化和撕裂，导致各种歧视、仇恨和暴力言行层出不穷。日前，美国纽约州布法罗市发生的针对非洲裔民众的大规模枪击事件震惊全球。从2015年美国南卡罗来纳州一处非洲裔教堂遭白人枪手袭击，到2019年得克萨斯州边境城市埃尔帕索发生针对拉美裔的大规模枪击案，再到新冠肺炎疫情发生后反亚裔种族歧视甚嚣尘上，一系列事实都清楚地表明，美国的种族暴力犯罪呈现愈演愈烈之势。美国皮尤研究中心近日发布的一项调查显示，约

32%的非洲裔成年人表示，他们几乎每天都担心自己会因为种族身份而遭到威胁或攻击。亚裔和拉美裔持相同看法的比例分别为21%和14%，白人的这一比例为4%。当人们最重要的生命权、生存权都需要用肤色来衡量时，这样的社会哪里谈得上平等，哪里还有真正的人权？

联合国官员强调，弗洛伊德遇害这样的惨剧一再发生，说明系统性种族主义需要系统性应对措施，需要采取全面而非零碎的方法才能消解几个世纪以来根深蒂固的系统性歧视和暴力。但正如联合国当代形式种族主义问题特别报告员滕达伊·阿丘梅所指出的，对非洲裔美国人来说，美国的法律体系已经无法解决种族不公与歧视。美国国内政治日益极化，政府难以推出弥合种族裂痕的实质性举措。更有甚者，美国一些政客公然拥抱极右翼思潮，为白人至上主义推波助澜。美国领导人最近在会见布法罗市枪击事件受害者家属时承认，白人至上主义是一剂毒药，贯穿美国政体。但问题的关键是，目前美国的政治体系不但无法为系统性种族主义找到解药，而且在不断固化系统性种族主义。

"没有种族正义，美国就不可能是一个真正的自由、民主社会。"在弗洛伊德被警察暴力杀害两年后，美国社会的系统性种族主义仍令许多少数族裔感到"无法呼吸"，这就是美国人权的现实。美国应正视自身深入骨髓的系统性种族主义，避免人权悲剧一再上演。

《人民日报》（2022年05月25日第03版）

放任权力和资本勾结，私营监狱酿造人权悲剧
——美国当深刻检讨自身的人权赤字⑥

钟 声

> 美国私营监狱造成的人权恶果，究其根本是美国的制度出了问题。将权力和资本凌驾于公平和正义之上，所谓民主和人权在美国不过是一纸空谈

美国公共政策智库"监狱政策倡议"最新发布的报告显示，美国102所联邦监狱、1566所州监狱、2850个地方看守所、1510个少年管教所、186个移民拘留所和82个原住民看守所，以及军事监狱等各类机构共关押了约200万名囚犯。美国加州大学洛杉矶分校美国史教授罗宾·凯利一针见血地指出，美国是全球监禁率最高的国家，已沦为名副其实的"监狱国家"。更匪夷所思的是，统计数据显示，在美国大量被拘押人口中，每100人中就有约6人关在私营监狱。美国以政府购买服务名义将公共监狱承包给私营企业运营的畸形现象，已招

致各界广泛谴责和批评。

监狱本是代表司法正义的惩教场所，但美国将监狱私营化，使其成为不少政商界人士大肆敛财的"奴隶工厂"。从20世纪80年代开始，美国政府打着"缓解收容压力、降低监禁成本"的旗号，将私营监狱纳入国家惩教体系，把本该由政府承担的责任交给利益集团。在暴利的推动下，私营监狱迅速扩张，1990年至2010年间数量增加16倍，美国超过30个州与私营监狱公司有合作关系。美国刑事判决研究所网站的数据显示，2019年，美国私营监狱共关押约11.6万人。2021年，两大私营监狱巨头美国惩教公司和GEO集团的营业收入分别高达18.6亿美元和22.6亿美元。两家公司均已上市，"为股东创造价值"成为美国私营监狱的最高宗旨，美国惩教公司还曾被福布斯评选为400家"美国最优秀大公司"之一。

监狱一旦被资本主导，金钱便高于正义，其结果必然是大量的人权悲剧。为填满监狱，犯人的服刑期被延长。政府通过起诉未成年人的法律，源源不断地"生产囚犯"。2011年，美国宾夕法尼亚州卢泽恩县"孩子换美元"案件令世人瞠目。当地两名法官收受两个私营青少年监狱承包商超过200万美元的贿赂，作为回报，他们从2003年到2008年先后把约4000名青少年送进私营监狱。华盛顿州立大学的一项研究发现，私营监狱导致每百万人口增加178名犯人，刑期也开始变长，在那些法官有较大自由裁判权的非暴力犯罪案件中，这些情况更为突出。美国社会活动家邦妮·克内斯指出，私营监狱靠将人类关在笼子里赚钱，这决定了他们会想方设法寻求更多的囚犯。联合国人权专家发表文章，敦促美国"取消一切以营利为目的的拘留设施"。

私营监狱产业在美国政商界衍生出盘根错节的利益链条，严重扭曲司法体系。正如美国媒体所指出的，"（在美国）有一个行业快速建立起政治影响力，却很少受到审查，那就是私营监狱产业。"长期以来，美国私营监狱等各种利益集团利用政治捐款、政治游说和权钱交易等三大"法宝"，影响美国政治议程、刑事政策，通过增加监禁人数、延长监禁人员刑期攫取了巨额利益。统计显示，仅2010年至2015年，美国惩教公司和GEO集团就投入约1460万美元用于游说，以获得政府大额合同。2015年，两家公司花费160万美元在华盛顿雇用20名说客，最终使3项重要联邦法案的结果倒向有利于私营监狱产业一方。分析人士指出，美国私营监狱产业形成了一个严密而庞大的利益链条，"本质上是权力和资本勾结的产物"。

美国私营监狱将国家惩教职能变为资本逐利的工具，把罪犯改造变成利润丰厚的生意，不仅背离了惩教原有的意义，更在人权领域犯下累累罪行。美国政府长期放任这一国家治理的"黑洞"不管，再次显示出美国自诩的"人权灯塔"早已轰然倒塌。美国私营监狱造成的人权恶果，究其根本是美国的制度出了问题。将权力和资本凌驾于公平和正义之上，所谓民主和人权在美国不过是一纸空谈。

《人民日报》（2022年05月31日第17版）

看看美式"政治正确"

面对"现代奴隶制"不作为，凸显政府责任缺失
——美国当深刻检讨自身的人权赤字⑦

钟 声

> 向来标榜劳动法律体系健全的美国，至今只批准了14项国际劳工公约。与强迫劳动问题直接相关的3项重要法律文件，美国一项也没有签署

人口贩运问题泛滥成灾、农业领域强迫劳动触目惊心、私营监狱囚犯惨遭劳动剥削、滥用童工现象普遍存在……在已废除奴隶制150多年后的今天，上述问题仍然在美国真实存在着。履行劳工权益保护责任不力，拒不签署有关强迫劳动问题的重要法律文件，放任"现代奴隶制"大行其道，美国已成为强迫劳动的重灾区。

强迫劳动在美国是一个频繁发生的系统性问题。美国国务院承认，美国是强迫劳动、奴役受害者的来源国、中转国和目的地国，合法和非法行业都存在贩卖人口情况。据美国新闻网站Axios报道，美国约

有40万人生活在"现代奴隶制"环境中，忍受着强迫劳动、性奴役等。非营利机构"美国农场工人就业培训计划"估计，美国至今仍有约50万童工从事农业劳作，很多孩子从8岁开始工作，每周工作长达72小时。加州大学伯克利分校法学院教授劳蕾尔·弗莱彻指出："公众普遍认为美国早就解决了现代奴隶制这一问题，但实际上，现代奴隶制依然存在，而且很普遍。"

近年来，美国政府收紧移民政策，针对移民群体的人口贩运和强迫劳动问题更趋严重。据美国《里士满时讯报》报道，近5年来，每年从境外贩卖到美国从事强迫劳动的人口近10万。美联社2021年12月报道指出，多年来，偷渡至美国的移民被迫长期在农场干苦力，生活在肮脏、拥挤的拖车里，缺少食物，也没有干净的饮用水，还遭受监管者的暴力威胁。这些劳工的身份、旅行证件被扣留，无法寻求帮助逃离困境。惨遭强迫劳动的移民群体往往缺乏司法维权的渠道。美国城市研究所和美国东北大学的一份研究报告显示，美国执法部门不仅不帮助被强迫劳动的受害者，有时甚至站在人贩子一边。在一起案件中，一名农场主向一名试图逃跑的被强迫劳动的农场工人开枪，而警察到来后却以非法移民的罪名逮捕了这名农场工人。

监狱是美国强迫劳动问题的另一个重灾区。据报道，美国各地公司在应对劳动力短缺问题时，越来越多地将监狱囚犯作为廉价劳动力来源。在缺乏政府有效监管的私营监狱里，强迫劳动问题尤其严重。美国私营监狱的首要目标是赚钱，强迫囚犯劳动是其主要利润来源之一。美国威拉姆特大学法学院教授劳拉·艾普曼在题为《血钱：监狱劳工和监狱利润》的研究报告中指出，私营监狱是一种"有害的奴役形式"，服刑人员"被困在不断增加的体力劳动、痛苦和剥削之中"。

看看美式"政治正确"

美国公民自由联盟曾提起法律诉讼指出,美国私营监狱存在大量权钱交易,加剧了过度监禁和强迫劳动问题。

美国强迫劳动盛行,与美国政府不作为密切相关。向来标榜劳动法律体系健全的美国,至今只批准了14项国际劳工公约。全球8项劳动核心公约,美国仅批准了2项,是批准公约数量最少的国家。特别是与强迫劳动问题直接相关的《强迫劳动公约》《强迫劳动公约补充议定书》《关于废止强迫劳动的公约》3项重要法律文件,美国一项也没有签署。美国执法部门对贩卖人口、强迫劳动等行为的打击力度也明显不足。美国司法部发布的《2021人口贩卖数据报告》显示,2019年全美因贩卖人口和强迫劳动遭检察官调查的嫌疑人共2091人,但被定罪的仅有837人。"美国强迫劳动现象之所以难以禁绝,一方面是因为利润丰厚,另一方面是由于美国立法不力和执法效率低下,作恶者被起诉的风险很小。"丹佛大学学者克丽西·巴克利指出。

美国无视本国大规模存在的"现代奴隶制"问题,却肆意抹黑其他国家、散布其他国家强迫劳动的谎言,充分暴露了美国在人权问题上一贯抱持的双重标准以及打着人权幌子干涉他国内政的政治图谋。面对自身严重的人权问题,美国没有资格对其他国家人权状况说三道四。美国应该做的,是深刻检讨自身的人权赤字,采取有效措施终结"现代奴隶制",切实承担起一国政府应承担的人权保护责任。

《人民日报》(2022年06月02日第03版)

第三章
美国的人权双标

"黑监狱"滥施酷刑，美国蓄意踩躏法治践踏人权
——美国当深刻检讨自身的人权赤字⑧

钟 声

> 无论在国内还是国外，美国都留下了侵犯人权的斑斑劣迹。美式民主保护不了美国民众的人权，美式霸权的执念，更是让美国沦为践踏人权的反面典型

据《纽约时报》报道，美国中央情报局前局长吉娜·哈斯佩尔曾在美国海外监狱"观察犯罪嫌疑人遭受酷刑的'强化审讯'过程，包括使用水刑"。报道说，监狱中还使用了其他"胁迫手段"折磨犯罪嫌疑人。这篇报道引起舆论哗然，美国"黑监狱"恶行再次招致国际社会广泛批评。近年来，不断有媒体曝光美国海外"黑监狱"的丑闻，美国长期在海外"黑监狱"任意拘押、滥施酷刑，成为美国蓄意踩躏法治、践踏人权的典型例证。

美国以"反恐"为幌子在多国设立"黑监狱"。美国布朗大学沃

看看美式"政治正确"

森国际和公共事务研究所"战争代价"研究报告指出,"9·11"事件以后,美国海外"黑监狱"网络涉及至少54个国家和地区,拘禁包括穆斯林、女性和未成年人等在内的数十万人。其中,美国2002年创建关塔那摩监狱时,总共拘押了约780人,其中很多人未曾被刑事起诉,目前该监狱仍有30多名人员在押。英国一家人权组织曾曝光由美国17艘军舰组成的"海上监狱",被称为"浮动关塔那摩"。这些舰船借助在海洋区域适用法律的复杂性来逃避罪责,长期拘留未经审判的犯罪嫌疑人。美国酷刑受害者中心政策分析师里兹维表示,在海外设立"黑监狱"凸显了美国"蓄意背弃法治,无视人权"。

美国"黑监狱"手段残忍至极令人发指。据媒体披露,在臭名昭著的关塔那摩监狱、阿富汗巴格拉姆监狱、伊拉克阿布格里卜监狱等地,美方使用了水刑、睡眠剥夺、人身羞辱等各种"强化审讯手段",甚至有犯罪嫌疑人被美国中央情报局当作"教学工具",供实习人员练习包括"撞墙""泼冰水"等反人道酷刑,使被关押人员身心遭到毁灭性伤害。联合国人权理事会委派的人权问题独立专家组今年1月发表声明指出,20年来,美国未经审判就将人任意拘押在关塔那摩监狱,并施加酷刑或虐待的做法,违背国际人权法,是"美国政府在法治承诺上的污点",美国的做法"是完全不能接受的"。专家组敦促美国关闭关塔那摩监狱,结束"肆意侵犯人权的丑陋一页",同时按照国际法赔偿遭受酷刑和任意拘押的人,并追究相关人员责任。

然而,美国对国际社会的关切置若罔闻。在伊拉克阿布格里卜监狱虐囚事件中,除涉事美军低级士兵获得军事审判和定罪外,其他美军和政府高级官员以及参与其中的私人军事承包商都免于审判;美方曾故意销毁92盘包含关塔那摩监狱酷刑直接证据的录像带,美国司

第三章
美国的人权双标

法部至今仍拒绝对涉案人员提出指控；在阿富汗巴格拉姆"盐坑"秘密监狱，犯罪嫌疑人因遭受酷刑惨死，有关工作人员不但没有受到任何惩处，反而获得晋升和奖金……美国的所作所为，是对其自诩的"人权卫士"的莫大讽刺。

长期以来，美国海外"黑监狱"不仅关不掉，而且拒不接受调查，归根结底是有美国政府这个保护伞。美国官方一直以涉及机密为由，极力掩盖和否认"黑监狱"丑闻。据美国媒体报道，美国参议院情报委员会2014年披露的一份"酷刑报告"，内容被大面积删改。美国还千方百计阻挠国际调查。当国际刑事法院坚持调查美国军队和情报官员在阿富汗可能犯下的战争罪和反人类罪时，美国政府竟公然对包括国际刑事法院首席检察官在内的多名官员实施经济制裁和入境限制。美国习惯于以谎言为借口、打着人权幌子对他国人权指手画脚，却对国际机构对本国开展的基于事实的调查气急败坏，将美国在人权问题上的霸道行径表现得淋漓尽致。

无论在国内还是国外，美国都留下了侵犯人权的斑斑劣迹。美式民主保护不了美国民众的人权，美式霸权的执念，更是让美国在世界上成为践踏人权的反面典型。在人权问题上，美国需要做的，是正己心、思己过、改己行，努力消除自身的人权欠债，而不是将人权问题政治化，动辄以人权为借口干涉别国内政，这种做法除了暴露美式人权的虚伪性，根本无助于美国人权状况和国际形象的改善。

《人民日报》（2022年06月07日 第03版）

看看美式"政治正确"

美西方的人权"秀",全球观众看腻了

环球时报社评

联合国人权理事会第51届会议对美国牵头提交的一项涉疆问题决定草案进行表决。结果显示,草案遭到人权理事会多数成员特别是广大发展中成员的强烈反对,未获通过。虽然美国及西方一些国家事先耗费大量资源,对该草案作舆论和外交鼓动,将表决炒作成与中国的一次"决斗",竭力逼迫其他成员国"听话",但这种将人权问题武器化的行径并不得人心。

这是人权理事会16年历史上第二次出现草案表决未获通过的情况,国际舆论近乎一致地将其认定为西方国家遭遇的"重大挫折"。有西方舆论还补上"一刀",称这是"西方人权道德权威的一次重挫"。这无疑刺激到了美西方一些组织和个人的敏感神经,他们指责人权理事会"滑稽",投下反对票的伊斯兰国家"可耻"、非洲国家"屈服",甚至投出弃权票的乌克兰都被他们视为对西方世界的"背叛"。

这份草案由美国、英国、加拿大等西方国家提出,目的是在2023年3月举行的人权理事会第52届会议上就所谓"新疆人权状况"举行一次辩论。多家西方媒体在报道中都提到，这份草案降低了调门，"仅仅只是呼吁一场辩论"，为的就是避免"足够多的其他国家反对"。但这恰恰暴露了这份草案的真实目的：它绝非要讨论什么"人权议题"，而是试图将一个根本不存在的"问题"无限放大，并以此打压遏制中国。

美西方媒体之所以这次对结果表现得很失望，是因为之前他们太"自信"了。他们忽略了，联合国人权理事会的成员国，绝大多数都不是可以随意操纵的棋子。中国常驻联合国日内瓦办事处和瑞士其他国际组织代表陈旭大使在人权理事会会议期间说："今天中国成为目标；明天任何其他发展中国家都将成为目标。"这句话被国际媒体大量转载，相信也说到了会场内许多国家代表的心坎里。

美西方把人权问题政治化、工具化，他们长期高高地自居审判席上，还企图牢牢掌控庭外舆论风向。他们随意捏出一个罪名，广大发展中国家就要被迫在被告席上自证清白且根本难以自证清白。必须指出，西方国家没有资格把其他国家这样拉出来"过堂"。终止这一"今天是你，明天轮到我"的屈辱轮回，是发展中国家相互理解、相互同情，在国际舞台上团结起来抵抗这种歪风邪气的最大动因之一。

涉疆问题根本不是什么人权问题，而是反暴恐、去极端化和反分裂问题。连一些西方媒体都承认，美西方炒作涉疆问题，本质是与中国的地缘政治摩擦。值得注意的是，许多投了反对票的国家是穆斯林占多数的社会，如印度尼西亚、巴基斯坦、阿联酋和卡塔尔。这些国家对新疆的治理更能感同身受，它们远比美西方少数几个发达国家更有发言权。

实际上，与华盛顿操弄涉疆议题同步进行的，是包括广大伊斯兰国家在内的近百个国家连续在人权理事会、联大三委等场合公开发声，支持中国在涉疆问题上的正当立场，反对借涉疆问题干涉中国内政。这些正义之声，难道不比美西方一些国家的惺惺作态，更有说服力么？

2006年3月15日，联合国大会通过第60/251号决议，以新的联合国人权理事会取代之前的联合国人权委员会，初衷就是改变人权领域政治对抗的问题。但这些年来，美西方滥用国际多边平台谋取地缘政治私利积习难改，人权更是成了它们进行"政治化"甚至"武器化"的重灾区，导致真正意义上的国际人权事业受到严峻挑战。

本届人权理事会会议从9月12日开始开了近一个月的时间，本应是各国坐下来探讨如何就当下急迫的人权问题开展合作的一个好机会。美西方所谓涉疆问题决定草案遭到挫败，也再一次表明，利用人权问题搞栽赃诬陷、有罪推定，这样的表演无论怎么卖力，注定观众寥寥。因为全球观众对这一套已经看腻了。

《环球时报》（2022年10月08日第07版）

第三章　美国的人权双标

"仪式感"解决不了美国人权痼疾

环球时报社评

当地时间2022年5月29日，美国总统拜登夫妇来到得克萨斯州罗布小学大规模枪击案现场，向遇难者献花，这起造成19名儿童在内共21人死亡的校园惨案给美国社会带来的悲痛远未消散。仅12天前，拜登夫妇还在另一起大规模枪击案的现场——位于纽约州布法罗的一家杂货店悼念该案的10名遇害者。而就在这个周末，全美又发生多起枪击事件，至少造成6人死亡，30余人受伤。

与此同时，随着罗布小学枪击案更多细节的披露，舆论的怒火越烧越旺。据报道，枪击案发生时，多达19名警察在学校走廊等候近1小时才进入枪手藏身的教室，导致"一些孩子在等待警察时因流血过多而死亡"。《纽约时报》以"连儿童都不愿保护，美国算什么文明国家"为题，直斥美国精英所谓"文明"的虚伪；拜登也发问，"在世界其他地方很少发生像美国这样的大规模枪击事件，这是为什么？为什么我们要忍受这样的屠杀？为什么我们要让这样的事情不断发生？"

然而在这个自诩"灯塔"的国度里,舆论的喧嚣、公众人物及政治人物的谴责表态,都难以转化累积成美国体制对控枪改革的行动力。美国枪击案越来越多,就像是在腐肉周围越聚越密的黑蚂蚁一般。2022年尚未过半,已经有包括650名儿童在内的超过1.7万名美国人死于枪支暴力。有西方媒体认为,美国社会已经在一次次的枪击事件中变得"麻木",枪声大作后依然一切如常堪称"美国特色",而美国民众只能凭运气躲过随时袭来的子弹。

美国政治的撕裂又加剧了这样的悲剧。人们看到,"仪式感"正在替代真正的反思,成为一个个惨案的"标配"。防疫不力导致上百万人死亡,降半旗;房屋倒塌搜救缓慢,降半旗;枪击案导致大规模伤亡,也降半旗……总统和各路政客做出悲痛的表态,喊两嗓子"够了"和"改变",军火老板在慈善晚宴上再"自罚三杯",好像就交代过去了。接下来两党各执一词,这些悲剧变成了政党恶斗中攻击对手的武器,至于问题本身,它已然成为被踢来踢去的皮球。

除了枪支管控乏力,枪击案也凸显了美国各种社会矛盾的激化,如贫富差距、种族歧视、毒品泛滥、社会治安等等。美国体制对彻底化解这些问题同样是无能为力的,或者说根本就缺乏兴趣、动力和勇气。反对控枪主张的背后是强大的利益集团和美国社会对枪支传统认识的惯性,美国步枪协会在美国政治中的巨大影响力,令每一个政治人物望而生畏,民众权益总是在给政治利益或"政治正确"让路。这正是美国体制的内在逻辑。

值得注意的是,在美国内部问题日益突出的时候,它却加强了对外的攻击性，这是另一个层面的恶性循环。美国副总统哈里斯28日出席布法罗枪击案遇难者葬礼时表示，美国正在经历一场"仇恨大流行"。她不愿意说、也不方便说的另一面事实是，美国对外也在经历一场"敌意大流行"。就在这两天，华盛顿还念念不忘就"新疆人权"制造"世纪谎言"，肆意攻击抹黑联合国人权高专巴切莱特对中国的访问。他们可能没想到，巴切莱特在结束访问的记者会上，把最长的回答留给了美国枪击案及其背后的种族歧视问题："总有人认为自己比别人优越，认为自己有权杀害他人，但事实并非如此。"

事实一再证明，包括枪击案在内的"灯下黑"，是美国所谓"灯塔"不敢也不愿照射的人权痼疾。解决这个问题，靠一场场自我感动的"仪式"不行，拿着"人权"当武器扫射别国更没用。我们敦促美国政府，拿出实际行动解决自身严重的人权问题，不要再当人权"双重标准"的反面教材；我们呼吁联合国人权高专办，尽快对美国存在的人权问题开展调查，不能让美式霸权掩盖其斑斑劣迹。

《环球时报》（2022年05月31日第14版）

施压巴切莱特，美西方打造不了"人权铁幕"

环球时报社评

2022年5月28日，巴切莱特女士结束了六天的访华之旅，这是17年来联合国人权事务高级专员首次访问中国。当天晚间，巴切莱特召开线上发布会介绍相关情况，表示这是一次与中国在人权领域"倾听彼此"的机会，并称赞中国在扶贫和消除极端贫困方面取得"巨大成就"。

在备受外界关注的新疆议题上，巴切莱特到访了喀什、乌鲁木齐等地，走进了棉花种植的田间地头，并观看了反恐和去极端化斗争主题展。其间，她还与少数民族群众、专家学者等各界人士进行了座谈交流。在发布会上，巴切莱特专门指出，这些会谈是在无人监督的情况下进行的。

这委婉地回应了美西方舆论一段时间以来刻意营造的阴谋论。巴切莱特的访华之行尚未开始，美英等国就抛出有罪推定式的"质疑"，华盛顿甚至断言人权高专这次访问是"一个错误"。巴切莱特在发布会上真诚、客观地讲述了她在中国期间的见闻和细节以后，美西方一些人还是捂住耳朵不肯听,美国国务院更是带头出来表达"关切"和"不安",诬称巴切莱特此行受到"限制"和"操纵",并又端出了过去那些抹黑新疆的谎言当佐料。

人们看到,当初是美英等西方国家一个劲要求巴切莱特访华,现在又转过脸来无端攻击巴切莱特,其不可告人的政治目的越来越露骨。

前些年,新疆深受恐怖主义和宗教极端主义之害,中国依法打击暴恐活动,维护各族人民生命财产安全,新疆各族人民的人权得到切实保障。经过不懈努力,新疆已经连续5年多没有发生暴恐案件,社会安全稳定,发展持续向好,人民安居乐业。然而,美西方一些人偏执地把新疆想象成一个有2500万"群众演员"的大戏棚,这是在侮辱那些感受过真实新疆的人的智商。

事实反复证明,美西方一些人想借涉疆问题打造的"人权铁幕",根本就是一戳就破的纸壳子。这几年,华盛顿带头编造的所谓"失踪者名单",关联西方国家民众的"集中营"等历史记忆,把"种族灭绝""强迫劳动"等罪行强扣在新疆头上,编出不同版本的恐怖故事。但谎言越夸张,就越容易"见光死"。实际上,凡是到过新疆的人都能看到美西方妖魔化新疆的荒谬。

应该说,在美西方一些势力的压力之下访华,巴切莱特表现出了其穿透被极端势力毒化的西方舆论、想要了解真相的一种努力。正如中国国务委员兼外交部长王毅此前所说,此次人权高专访华应是一次增进了解、加强合作、正本清源之旅。我们也期待巴切莱特女士能将其亲身感受到的全面、真实的新疆,带给西方世界更多愿意了解真相的人。

　　当然，有些装睡的人就是叫不醒的。在巴切莱特访问还在进行的时候，就有所谓匿名的"高级外交官"对媒体宣称，这次访问"是中国的胜利"。人权进步本无止境，何来输赢？这样的说法恰恰暴露出美西方的真实想法，那就是把这次联合国人权高专与中国的正常交流互动，当成地缘政治博弈的一个环节。他们费尽心思，就是要给中国"定罪"，至于新疆的真实情况到底怎么样，对他们而言根本不重要。

　　也正因为如此，他们才一定要对中国进行有罪推定式的"调查"——谁得出"种族灭绝""强迫劳动"的结论，谁就是"可信赖的"。这种有罪推定到了一种近乎癫狂的地步。在他们眼里，一个宣称"到了新疆就会被断手断脚""不吃猪肉就会被枪毙"的疯子，或许会比联合国人权高专显得"更可信"。不得不说，为了抹黑攻击中国，美西方一些人对新疆的邪恶叙事早就突破了常识的底线。

　　中国的发展本身就是一面照妖镜，在人权领域也是如此。巴切莱特的访华之旅，是刺破涉疆谎言乌云的又一缕阳光。这也再次给操弄"以疆制华"的美西方势力提了个醒，乌云遮不住太阳，只会让人更加欣赏背后的蓝天。

《环球时报》（2022年05月30日第14版）

第三章
美国的人权双标

美国的"人权报告",怎么看都像"要价单"

环球时报社评

当地时间 2022 年 4 月 12 日上午,美国纽约市布鲁克林区地铁站发生枪击事件,一名男子向人群连开 33 枪,造成至少 29 人受伤。而就在几天以前,加利福尼亚州才发生一起导致 6 人死亡、12 人受伤的严重枪击案。美国的枪支暴力呈现出年年刷新纪录之势。

极具讽刺意味的是,几乎在最新枪击案发生的同一时间,美国国务院发布了所谓"2021 年国别人权报告",自诩对全球近 200 个国家和地区进行了所谓"真实、客观和全面的说明"——但却独独漏掉了美国自己。显然,同胞在布鲁克林地铁站中的呼喊和鲜血,丝毫没有影响华盛顿政治精英对别国人权说三道四的心情。美国的"人权报告"动辄花费几十甚至上百页的篇幅来表现对别国人民的"关心",却舍不得给本国在新冠疫情、暴力犯罪和警察执法中死伤的人留下一个姓名。

美国"枪支暴力档案"网站 2022 年 4 月 12 日更新的统计数据显示,枪支暴力仅 2022 年就已在美国造成至少 11896 人丧生,另有

9486人受伤。换言之，平均每天有116人在街头横死于枪支暴力之下。这放在任何其他国家都是人权惨剧，很难想象它竟然发生在一个自诩"人权灯塔"的"文明国家"。眼下，美国坐拥全世界最先进的医疗条件，却成为全球新冠肺炎感染和死亡人数最多的国家。

正如中国外交部发言人指出的：对内，人权是美国政府始终没有兑现的空头支票；对外，人权是美国政府推行霸权的遮羞布。因此毫不奇怪，在这份最新炮制出来的"人权报告"中，关于中国大陆的内容就多达90页，报告还别有用心地将台湾单列出来，公然破坏一个中国原则，更反映出其将人权政治化的本质。华盛顿年复一年借所谓"人权报告"诋毁抹黑中国，他们葫芦里卖的什么药，难道还不清楚吗？

华盛顿所谓"人权报告"发布了40多年，被美国列为"不友好国家"和竞争对手的国家都是"常客"，而美国的"朋友们"几乎从未上过"黑榜"。在华盛顿眼里，一个国家是否"有人权"，是否"民主"，根本的判断标准是这个国家是否"听美国的话"，是否在地缘政治上配合了美国无处不在的霸权触手。美国国务院每年都为"人权报告"费尽心机，它如此积极的根本原因是，这份报告是它胁迫、勒索他国的"要价单"，也是它妖魔化、打压竞争对手的"传销手册"，还是它试图把各国分为三六九等、拉"小圈子"的一份"政治点心"。

对此，伦敦大学教授科斯塔斯·杜兹纳一针见血地指出，美国发布"人权报告"是为了"利用它们作为贸易、援助和外交谈判讨价还价的筹码"。事实上，尽管美国经常以"国际社会代言人"自居，但

第三章
美国的人权双标

它所谓的人权,根本不是联合国宪章、世界人权宣言中的人权,而是为美国霸权背书的人权,是怎么有利于维护美国的全球霸权利益怎么来、顺我者"有权"逆我者"无权"的人权。作为二战以后全球发动战争最多、造成平民伤亡也最多的国家,多少人间悲剧是美国打着"维护人权"的旗号酿成的!

对世界许多国家和地区来说,2022年尤其艰难。新冠疫情已进入第三个年头,相当数量的第三世界国家面临疫苗和粮食"双缺"困境,战争在中东、欧洲留下的创口还在流血。而就在这样的攸关时刻,美国依然无视各国人民福祉,打着"人权"旗号大搞霸权,继续挥舞干涉和制裁大棒,想以此在全世界"吃拿卡要",这真是世界人权史上最荒诞的一页,就如同美国连番炮制的"人权报告"那样。

《环球时报》(2022年04月14日第14版)

附 录

美国民主情况

目 录

序 言

一、何为民主

二、美国民主的异化及三重弊害

（一）制度痼疾积重难返

1. 美式民主沦为"金钱政治"

2. 名为"一人一票"，实为"少数精英统治"

3. 权力制衡变成"否决政治"

4. 选举规则缺陷损害公平正义

5. 民主制度失灵引发信任危机

（二）民主实践乱象丛生

1. 国会暴乱震惊全球

2. 种族歧视根深蒂固

3. 疫情失控酿成惨剧

4. 贫富分化不断加剧

5. "言论自由"名不副实

（三）输出所谓民主产生恶果

1. "颜色革命"危害地区和国家稳定

2. 强推所谓民主造成人道悲剧

3. 滥用制裁破坏国际规则

4. "民主灯塔"招致全球批评

结束语

附 录
美国民主情况

序 言

  民主是全人类的共同价值，是各国人民的权利，而不是哪个国家的专利。实现民主有多种方式，不可能千篇一律。用单一的标尺衡量世界丰富多彩的政治制度，用单调的眼光审视人类五彩缤纷的政治文明，本身就是不民主的。每个国家的政治制度应由这个国家的人民自主决定。

  美国民主制度是美国一国实践的结果，具有独特性，不具普遍性，更远非尽善尽美。但长期以来，美国无视自身民主制度的结构性缺陷与国内民主实践的不足，自诩为"民主样板"，频频打着民主的旗号肆意干涉他国内政、发动对外战争，引发地区动荡和人道主义灾难。

  本报告旨在通过列举事实和专家观点，梳理美国民主制度的弊端，分析美国国内民主实践的乱象和对外输出民主的危害，希望美国完善自身民主制度和实践，对外改弦易辙。这既有利于美国人民，也有利于世界人民。如果没有哪个国家试图垄断民主标准，没有哪个国家试图把本国政治制度强加于人，没有哪个国家试图把民主当作工具打压别国，各国各美其美、美美与共，这个世界会更美好。

一、何为民主

民主一词源自古希腊语，本意是"人民统治""主权在民"。作为一种政体形式，民主迄今已有2500多年历史，涵盖了从古代雅典公民直接民主政府到现代代议制政府等多种形式，是人类政治文明发展的结果。

民主不是装饰品、不是宣传品，而是要用来解决人民需要解决的问题的。一个国家民主不民主，关键在于是不是真正做到了人民当家做主。要看人民有没有投票权，更要看人民有没有广泛参与权；要看人民在选举中得到了什么口头许诺，更要看选举后这些承诺实现了多少；要看制度和法律规定了什么样的政治程序和政治规则，更要看这些制度和法律是不是真正得到了执行；要看权力运行规则和程序是否民主，更要看权力是否真正受到人民监督和制约。

一个行之有效的民主制度不仅要有完整的制度程序，而且要有完整的参与实践，能够做到过程民主和成果民主、程序民主和实质民主、直接民主和间接民主、人民民主和国家意志的相统一。如果人民只有在投票时被唤醒、投票后就进入休眠期，只有竞选时聆听天花乱坠的口号、竞选后就毫无发言权，只有拉票时受宠、选举后就被冷落，这样的民主绝不是真正的民主。

一个国家是不是民主，应该由这个国家的人民来评判，而不是由外部少数人来指手画脚。

世界上没有哪一套民主制度是完美的，不存在适用于一切国家的政治制度模式。各国民主制度的建立和民主进程的发展都有其历史性和民族性，都有自身独特价值。国际社会应在相互尊重、平等相待基础上就民主问题进行交流对话，共同为全人类进步作出更大贡献。

二、美国民主的异化及三重弊害

历史上，美国民主的发展有其进步性，政党制、代议制、一人一票、三权分立等是对欧洲封建专制的否定和革新。法国著名思想家托克维尔在其《论美国的民主》一书中也对此予以积极评价。《独立宣言》、"权利法案"、废奴运动、民权运动、平权运动等成了美国民主进程中的亮点。林肯的"民有、民治、民享"三原则更是脍炙人口。

但是，随着时间的推移，美国的民主制度逐渐异化和蜕变，已经越来越背离民主制度的内核和制度设计的初衷。金钱政治、身份政治、政党对立、政治极化、社会撕裂、种族矛盾、贫富分化等问题愈演愈烈，民主制度的功能出现衰退。

美国还以民主为名频频干涉他国内政，引发地区国家政局动荡和民不聊生，破坏世界和平稳定和各国社会安定。美国和世界上的许多人都在问，美国还是一个"民主国家"吗？世界需要对美国的民主情况作深入检视，美国自己也需要好好反躬自省。

（一）制度痼疾积重难返

美国一贯以"山巅之城""民主灯塔"自称，标榜其自诞生之初就设计了一套为保障民主自由而生的政治体制。然而，民主这一理念同今天的美国已经貌合神离。从金钱政治到精英统治，从政治极化到制度失灵，美式民主已身染沉疴。

1. 美式民主沦为"金钱政治"

美式民主是建立在资本基础上的"富人游戏"，与人民民主有着本质区别。

100多年前，美国俄亥俄州共和党联邦参议员马克·汉纳这样形容美国政治："在政界，有两样东西很重要，第一是金钱，第二个我就不记得了。"100多年后再看，金钱依旧是美国政治的"硬通货"，而且作用更无可替代。以2020年美国总统和国会选举为例，此次选举总支出高达140亿美元，是2016年的2倍和2008年的3倍，被称为"史上最烧钱的大选"。其中，总统选举花费再创历史纪录，达到66亿美元；国会选举花销超过70亿美元。

美国民众不得不面对的事实是，金钱政治贯穿美国选举、立法、施政的所有环节，实际上限制了民众的参政权利，经济地位的不平等已经转变为政治地位的不平等，只有口袋里有足够多资本的人才能享受宪法规定的民主权利。金钱政治越来越成为美国社会难以根除的一颗"毒瘤"，成为美国民主的莫大讽刺。

一位美国联邦参议员一针见血地指出："有些人认为美国国会控制着华尔街，然而真相是华尔街控制着美国国会"。据统计，91%的美国国会选举都是由获得最多资金支持的候选人赢得，而大企业、少数富人以及利益集团出手更加阔绰，成为选举资金的主要来源。这些所谓"民意代表"成功当选后，往往为其背后的金主服务，化身既得利益的代言人，而不是为普通民众发声。

2020年3月，加州大学伯克利分校公共政策教授、美国前劳工部长罗伯特·莱克出版《系统：谁操纵它，我们如何修复它》一书。该书认为，过去40多年，美国的政治系统被极少一部分人操控。政治献金几乎被视为"合法的贿赂"，让富人拥有了更强大的政治影响力。2018年中期选举中，巨额政治献金占到了竞选资金的40%以上，这些巨额资金主要来自占美国总人口0.01%的富豪。金钱政治和游说团体正在扭曲美国普通民众发声的渠道，绝大多数人表达真实意愿的声音都被少数利益集团盖过了。这些寡头又用手中的权力来充实自己的财富，而普通民众的利益则被抛诸脑后。

2020年9月23日，哈佛大学法学院教授马修·史蒂芬森在接受"今日哈佛法律"采访时表示，美国在廉政方面绝不是世界领袖，游说、政治献金等做法在其他国家被认为是腐败，但在美国不仅被允许，还受宪法法律保护。

2. 名为"一人一票"，实为"少数精英统治"

美国是一个典型的由精英阶层主导的国家，"多元政治"只是一种表面现象，精英们把持政治、经济、军事等方面的统治地位，操控国家机器，制定规章制度，把握舆论风向，主导商业公司，行使各种特权，等等。特别是自19世纪60年代以来，民主、共和两党轮流"坐庄"分享国家权力，多党制名存实亡。普通选民把选票投给第三党或独立候选人等于浪费投票机会，只能在两党推出的候选人之间做出非此即彼的选择。

在"驴象之争"背景下，两党始终将大众政治参与限定在狭小范围。对于普通选民而言，选举时召之即来，选举后挥之即去，大多数人都只是选举游戏的"群众演员"，"民治"在美国政治实践中很难有所体现。

美国麻省理工学院政治评论家与社会活动家诺姆·乔姆斯基指出，美国是"真实存在的资本主义民主"，美国人对政策制定的影响力与他们的财富水平之间呈正相关性，约70%的美国人对政策制定没有任何影响，他们在收入水平、财富等方面处于劣势，相当于被剥夺了参政权利。

美国马萨诸塞州大学教授贾拉拉贾在《大西洋月刊》发表文章表示，美国目前的民主只是形式上的民主，而不是实质民主。总统选举的全国范围初选完全受富人、名人、媒体和利益集团的操纵，民众投票支持的总统参选人往往不真正代表民意。

3. 权力制衡变成"否决政治"

美国政治学家弗朗西斯·福山在其专著《政治秩序与政治衰退》中指出，美国存在根深蒂固的政治瘫痪现象，美国的政治体制中有太多的制衡，以致集体行动的成本大大增加，有时甚至寸步难行。这是一种可被称为"否决制"的体制。20世纪80年代以来，美国的"否决制"变成了通往政治僵局的"灵丹妙药"。

美国民主程序分散、冗长，存在大量否决点，个别否决行为即可影响体系行动，所谓"相互制衡蕴涵纠偏能力"的预设在实际操作中日益走样。美国政治极化加剧，两党诉求大相径庭，共识不断压缩，甚至出现"最自由的共和党人也比最保守的民主党人大大右倾"的极端状况，对立制约已成家常便饭，"否决政治"成为政治生态，"我办不成事也不能让你办成"蔚然成风。

华盛顿的政客关注的是保住党派利益，国家发展的宏图伟略早已抛诸脑后。否决对手会加强自身阵营身份认同，身份认同的加强又迅速巩固自身阵营支持力量，美国两党痴迷于"否决"，陷入难以自拔的恶性循环，其结果必然是政府效能被弱化、公正法治被践踏、发展进步被迟滞、社会分裂被放大。当今美国，"我是美国人"正渐次被"我是共和党人""我是民主党人"所替代，"身份政治""部落政治"向美社会各层面恶性传导加剧"否决政治"。

2021年10月美国智库皮尤研究中心对美国、德国、韩国等17个发达经济体所做调查结果显示，美国被视为政治极化最严重国家，90%的美国受访者认为不同党派的支持者之间存在严重分歧，近六成美国受访者认为民众不仅在政策领域意见相左，在基本事实方面也难以达成共识。

韩国庆熙大学政治学教授徐正健指出，美国政治两极化愈演愈烈，依靠选举推进改革的民主主义自净程序无法正常运行。美国国会参议院陷入"冗长辩论"议事程序陷阱，不能发挥立法应对社会变化的代议机构作用。

4. 选举规则缺陷损害公平正义

美国总统选举遵循古老的选举人团制度，总统和副总统并非由选民直接选出，而是由选举人团投票决定。美国现有选举人票538张，赢得超过一半选举人票（270张）的候选人即当选总统。这种选举制度弊端十分明显：一是当选总统可能无法赢得多数普选票，代表性不足；二是具体选举规则由各州自行决定，易发生乱象；三是"赢者通吃"制度加剧各州地位不平等、各党地位不平等，造成巨大选票浪费并抑制投票率，深蓝州、深红州选民往往遭忽视，摇摆州获得相对非对称重要性，成为两党竞相拉拢的对象。

看看美式"政治正确"

美国历史上出现过 5 次赢得了全国普选票却输掉总统选举的情况。最近的一次是，2016 年大选共和党总统候选人唐纳德·特朗普获得 6298 万多张普选票，得票率 45.9%。民主党总统候选人希拉里·克林顿获得 6585 万多张普选票，得票率 48%。特朗普虽然输掉普选票，但赢得 304 张选举人票，希拉里仅获得 227 张选举人票，特朗普以选举人票数优势当选总统。

美国民众公认的选举制度另一大弊病是"杰利蝾螈"。1812 年，马萨诸塞州州长杰利为谋求本党利益，签署法案将州内一个选区划成类似蝾螈的极不规则形状。这种做法后被称为"杰利蝾螈"，即指通过不公平的选区划分，帮助本党赢得尽可能多的议席，巩固优势地位。美国每 10 年进行一次人口普查，然后按"各选区人口大致相等"原则并结合人口变化情况重新划分选区。美国宪法将划分选区的权力赋予各州立法机构，为州议会多数党"杰利蝾螈"提供操作空间。"杰利蝾螈"主要靠两种操作，一是"集中"，即尽可能将反对党选民集中划入少数特定选区，牺牲这些选区以换取其他选区绝对安全；二是"打散"，即将反对党选民相对集中的地区拆分划入周边不同选区，从而稀释反对党选票。

民主党主政的俄勒冈州于 2021 年 9 月 27 日在全美率先完成选区重新划分，民主党牢牢控制的选区由原来的 2 个增至 4 个，"摇摆选区"由 2 个减至 1 个，这意味着该党可凭借 57% 的实际选民占比，控制该州 83% 的国会选区。反之，共和党控制的得克萨斯州于今年 10 月 25 日确定新的选区划分，牢牢控制的选区由原来的 22 个增至 24 个，"摇摆选区"由原来的 6 个减为 1 个，共和党可凭借 52.1% 的实际选民占比，占据该州 65% 的国会众议院席位。

附 录
美国民主情况

2021年8月YouGov舆观调查网民调显示，仅16%选民认为本州能够公平划分选区，44%认为不能，其余40%表示不确定。随着美政治极化加剧，两党均竭力谋求自身利益最大化，"杰利蝾螈"成为不二选择。

民主党的"超级代表"制度也阻碍选举公平。"超级代表"由民主党主要领袖、全国委员会成员、参议院和众议院所有民主党议员、民主党现任州长组成，提前"内定"产生，其投票意向完全根据个人喜好和党内高层意志，无法反映民意。《国会山报》政治专家马克·普洛特金撰文表示，美国总统选举民主党党内初选中的"超级代表"制度既不公正也非民主。这样的"精英做法"应该立即被废除。

5. 民主制度失灵引发信任危机

美式民主如同好莱坞刻意布置的场景，展现的都是精心打造的人设，台前大喊人民、背后大搞交易，党同伐异、金钱政治、否决政治根本不能带来民众所希望的高质量治理。美国民众对美国政治愈发反感，对美式民主愈发消极。

2020年10月，美国盖洛普民调公司调查显示，对总统选举非常有信心的美国受访者比例仅有19%，创下自2004年以来该调查的最低纪录。11月，《华尔街日报》网站指出，在2020年大选中，人们对美国民主制度的信心下降到20年来最低点。

根据美联社—NORC公共事务研究中心的一项民意调查，只有16%的美国人表示民主运作良好或非常好，45%的美国人认为民主运作不正常，而另外38%的美国人认为民主运作得不太良好。美国皮尤研究中心调查显示，仅有20%的美国人一直或多数时候都信任联邦政府。

2021年5月，布鲁金斯学会网站撰文指出，在2020年大选结束后，美国全部50个州认证选举结果，但仍有77%的共和党选民以选票欺诈为由质疑拜登当选总统的合法性。这是自20世纪30年代以来第一次。9月，美国有线电视新闻网（CNN）民调显示，56%的美国民众认为美国民主"正在遭受攻击"，52%认为选举没有或很少反映民意，51%认为未来几年美国官员可能因本党败选而推翻选举结果。

2021年，皮尤对16个发达经济体的1.6万人和2500名美国人的调查结果显示，57%的国际受访者和72%的美国人认为美国已经不是可供他国效仿的"民主典范"。

（二）民主实践乱象丛生

美国民主的异化不仅表现在制度设计等结构性层面，更体现在其实践中。美国不是民主的优等生，更遑论"民主典范"。国会山的枪声与闹剧彻底揭开美式民主的华丽外衣。黑人弗洛伊德之死揭露了美国社会长期存在的系统性种族歧视，激起全美乃至全世界此起彼伏的抗议浪潮。新冠疫情持续失控，是否戴口罩、打疫苗成为社会分裂和对立的新导火索。经济发展红利分配不均，普通民众收入长期停滞。美式民主难以有效维护公序良俗，无法充分提供公共福祉。

1. 国会暴乱震惊全球

2021年1月6日下午，数千名美国民众聚集在华盛顿国会山并强行闯入国会大厦，以阻止美国国会联席会议确认美国新当选总统。事件导致美总统权力过渡进程中断并造成5人死亡，140多人受伤。此次事件是自1814年白宫遭英军纵火焚烧以来华盛顿最严重的暴力事件,200余年来国会大厦首次被占领。美国国会参议院共和党领袖将这一事件称为"失败的叛乱"。美国对外关系委员会学者惊呼,美国不像许多美国人想的那样与众不同,国会暴乱事件应给"美国例外论"和"山巅之城"的说法画上句号。

冲闯国会事件动摇了美式民主制度三大基石。一是所谓"民主"并不民主。美国一些政客拒绝承认选举结果,其支持者暴力冲闯国会大厦,重挫美国民主"公信力"。二是所谓"自由"并不自由。推特、脸书等社交媒体冻结美国一些政客的个人账号,宣布其"社交性死亡",戳破美"言论自由"的假象。三是所谓"法治"并不法治。美执法部门对待"黑人的命也是命"示威抗议和冲闯国会事件态度一严一宽,不同执法尺度再次暴露美"法治"的双标本性。

冲闯国会事件震惊了国际社会,"哀其不幸,怒其不争"。英国首相约翰逊发推特表示,美国国会发生的事件非常可耻。法国总统马克龙讲话称,在世界最古老民主国家之一的美国,"一人一票"的普世价值正遭受重创。南非总统拉马福萨表示,这动摇了美国民主的基础。印尼前总统苏西洛发推特表示,美国政治闹剧值得深思,没有完美的民主制度,民主实践更不完美。

2. 种族歧视根深蒂固

种族主义问题是美国民主无法磨灭的耻辱烙印。美国的开国元勋一边说着"人人生而平等",一边却在1789年施行的宪法中保留了蓄奴制度。时至今日,美国虽然表面上废除了种族隔离制度,但白人至上主义甚嚣尘上,对黑人等少数族裔的歧视依然系统性存在。

看看美式"政治正确"

美国的种族问题每隔一段时间就会"复发"。2020年5月25日，明尼苏达州警察暴力执法导致黑人弗洛伊德不治身亡。弗洛伊德死前"我无法呼吸"的绝望哀求点燃了汹涌民愤，全美50个州上百个城市随后爆发游行示威，为弗洛伊德伸张正义，抗议种族歧视问题。直到事件发生百余天后，有关游行仍在持续。

弗洛伊德的遭遇只是美国黑人百年来悲惨境遇的缩影。正如美国心理学会主席舒尔曼所说，美国始终处于一场种族主义的大流行病中，民权运动领袖马丁·路德·金的梦想至今并未实现。印度主流媒体《印度快报》发表社论称，美国的种族主义颠覆了美民主制度。

2021年2月，斯坦福大学新闻网发表文章检视美各领域系统性种族歧视：在教育领域，有色人种儿童在学校受到更为密切的监视；在司法领域，有色人种尤其是黑人更容易成为被针对的目标；在经济和就业领域，从应聘职位到获取贷款，黑人等其他少数族裔群体在职场和整体经济环境中受到歧视。美国华盛顿大学研究报告显示，1980年至2018年间，美国约有30800人因警察暴力死亡，这一数字比官方公布的人数多出约17100人，其中非洲裔因警察暴力死亡的可能性是白人的3.5倍。

美各地爆发的愤怒不只来自黑人，已跨越种族界限。以色列《耶路撒冷邮报》网站刊文指出，美国犹太人对白人至上主义团体驱动的右翼反犹主义和暴力行为感到担忧。美国犹太人委员会年度民调显示，2020年43%的在美犹太人认为其安全感比上一年更低，2017年有41%的人认为反犹主义在美国是一个严重问题，该比率远高于2016年的21%、2015年的21%和2013年的14%。

美国国内对亚裔群体的欺凌也在不断加剧。新冠疫情暴发以来，亚裔美国人在公共场合遭受羞辱甚至攻击的事件此起彼伏。美国联邦调查局公布的数据显示,2020年全美针对亚裔的仇恨犯罪案件数量上升76%。从2020年3月到2021年6月,"停止仇恨亚裔美国人"组织接到了9000多起投诉报告。美国全国广播公司网站一项针对美国亚裔年轻人的调查显示,在过去1年中,四分之一的美国亚裔年轻人成为种族欺凌目标,近一半受访者对自身所处境遇表示悲观,四分之一的受访者对自己及家人所处的境遇表示恐惧。

3. 疫情失控酿成惨剧

美国号称具有世界上最丰富的医疗资源,应对新冠肺炎疫情却一片混乱,成为世界上确诊人数和死亡人数最多的国家。

截至2021年11月底,根据约翰斯·霍普金斯大学统计数据,美国累计报告新冠肺炎确诊病例超过4800万例,累计死亡逾77万例,两项数据均名列世界第一。今年1月8日,美国单日新增新冠肺炎确诊病例300777例,达到疫情在美暴发以来最高;1月13日,4170名美国人因感染新冠肺炎去世,远超"9·11"恐怖袭击事件丧生人数。11月末,美国日均新增确诊病例数量超过7万例,新增死亡病例逾700例,美国平均每500人就有1人死于新冠肺炎。截至目前,美国新冠病亡人数已超越1919年大流感病亡人数,也超过美在一战、二战、朝鲜战争、越南战争、伊拉克战争、阿富汗战争死亡人数之和。如果美国能够科学应对,很多人不必付出生命代价。美国流行病学家、疾病控制与预防中心原负责人威廉·福格认为"这是一场屠杀"。

疫情重创美国经济。美国企业倒闭和失业潮发生速度及规模超乎想象,大量民众长期失业,社会不稳定因素增加等加剧了美国人的焦虑感和无力感。美国预算与政策优先事项中心2021年7月29日的《新冠困境报告》显示，尽管情况比2020年12月有所改善，但2021年上半年美国人生活困难情况依旧十分普遍，仍有2000万成年人所在家庭没有足够食物，1140万成年租房者无法按时交纳房租，面临被赶出租屋的风险。美国人口普查局数据显示，截至2021年7月5日，有未成年人的家庭中至少有一人失去收入来源的比例仍高达22%。美民众消费信心大幅下滑，就业市场复苏放缓。高盛、摩根士丹利、牛津经济研究院等机构纷纷显著下调美经济增长预期。同时，疫情、三轮大规模经济刺激计划等因素叠加导致美港口拥堵和供应短缺，进而推升美通货膨胀率。今年10月，美消费者价格指数（CPI）同比上涨6.2%，连续6个月同比上涨幅度达到或超过5%，创2008年来最大涨幅。

疫情在美延宕，症结并非在于美国没有科学，而是不信科学、不用科学。美国一些政客为了选举，将党派利益置于国家利益之上，将抗疫问题政治化，一门心思对外"甩锅"推责。美联邦与各州一盘散沙，不仅形不成合力，反而彼此争斗。在这个大背景下，抗疫举措已被严重政治化，疫苗打与不打、口罩戴与不戴都成了政党、民众争执的焦点，反智主义甚嚣尘上。

法国《世界报》报道指出，新冠疫情危机揭示了美国民主制度的脆弱性。美国把昂贵的医疗卫生体系留给富人，放任贫穷者被剥夺社会保障，使美国这一世界上最发达国家因社会不公而变得落伍，这是民主偏差导致无法有效管控疫情的经典案例。斯坦福大学新闻网指出，在医疗卫生领域，新冠疫情对有色人种造成了更严重的影响，凸显了白人和有色人种之间健康水平差距。

4. 贫富分化不断加剧

美国是贫富分化最严重的西方国家。2021年美国基尼系数升至0.48，几乎是半个世纪以来的新高。美国智库政策研究院报告称，1990年至2021年，美国亿万富翁的总体财富增长了19倍，而同期美国中位数财富只增加了5.37%。这揭示了美国"富者愈富、穷者愈穷"的残酷现实。

美联储2021年10月统计数据显示，截至今年6月，美国收入在中间60%的"中产阶级"拥有的财富在国家总财富中占比已经跌至26.6%，创过去30年来新低，而收入前1%的富人却拥有27%的国家财富，超过了"中产阶级"。

加州大学伯克利分校经济学家伊曼努尔·萨兹发表的统计数据显示，美国前10%富人人均年收入是后90%人口的9倍多，前1%富人人均年收入是后90%人口的40倍，而前0.1%富人人均年收入是后90%人口的196倍之多。

新冠疫情暴发后，美国实施"大水漫灌"政策，在推高股市的同时也进一步拉大了贫富差距。美国亿万富翁拥有的总资产增加了1.763万亿美元，涨幅高达59.8%。排名前10%的美国富人持有89%的美国股票，创下历史新高。

美国的贫富分化是由美国政治制度及其政府所代表的资本利益所决定的。从"占领华尔街"运动，到近期的"大猩猩"对视华尔街铜牛事件，美国民众对贫富分化的声讨从未停止，但现状毫无改变。美国治理者放任贫富差距扩大，疫情之下，资本优先、富人先行的社会规则更加横行。

5."言论自由"名不副实

在美国,媒体被称为与行政、立法、司法三权并立的"第四权力",记者更是被誉为"无冕之王"。美国媒体虽然标榜独立于政治、为自由和真相服务,但早已服务于金钱和党派政治。

少数传媒集团垄断美国新闻业,成为一手遮天的政治力量。1996年美国颁布了《电信法》,要求联邦政府放松媒体所有权监管,由此掀起史无前例的兼并狂潮,对美国媒体的多样性和独立性造成毁灭性打击。随着美国媒体数量锐减,少数几家公司不断做大,形成垄断巨头。今天的美国,少数几家企业控制90%以上的媒体,年收益甚至超过某些发展中国家的经济总量。这些媒体"巨无霸"一边大肆扩张商业版图,一边将触手伸向美国政坛,通过游说公关和竞选献金左右政治进程。

被垄断的美国媒体成为公民政治权利的"隐形杀手"。美国传播政治经济学派代表人物、伊利诺伊大学香槟分校教授罗伯特·麦克切斯尼在《富媒体穷民主》一书中指出,出于追逐利润的本性,媒体公司将民众封锁在娱乐节目的世界中,使民众失去获取多元化信息的渠道、关心公共问题的兴趣以及明辨是非的能力,在社会政策制定过程中逐渐失声。民主政治文化在媒体高度发达的美国社会变得极度萎缩,"政治疏离"导致民主成为一种"没有公民"的政治游戏。迈阿密《新先驱报》报道称,在精英和财团控制的媒体诱导下,民众已无法辨别哪些是事实真相,哪些是政治宣传。

美国媒体不再是民主的"守门员"。媒体行业的"左右之争"无形中加深了美国两党之间、精英与平民之间的隔阂与分歧,造成"左的更左""右的更右",并导致极端思想和民粹主义在美国登堂入室。

韩国智库世宗研究所刊文指出,超过80%的美国保守派选民将《纽约时报》等主流媒体报道视为虚假消息,对媒体的信任呈偏向性。选民只听信特定媒体,无视国家层面沟通,大喊大叫、消极党争代替了冷静讨论和共识。牛津大学—路透社新闻研究所发布《2021全球数字新闻洞察报告》指出,在对46个国家的92000名新闻消费者调查后发现,美国民众对媒体的信任度排名垫底,受调查人群中仅有29%的民众信任媒体。

在传统媒体衰落的信息时代,社交媒体一跃成为公众"新宠",但也免不了复制传统媒体被大资本和利益集团控制的老路。社交媒体公司为了赚取流量,利用算法为用户编织起"信息茧房",对提供的极端内容不加管控,从而导致使用者日益自我固化,身份政治和民意撕裂更加严重。

2021年10月,前脸书公司员工豪根公布了数万份关于脸书公司内部运作的爆炸性文件。豪根向美国哥伦比亚广播公司透露,脸书公司为了保持用户黏度,不惜牺牲公众利益而攫取利润。脸书平台是社会极端分子的主要阵地,充斥着仇恨言论、虚假信息和错误信息,而只有3%至5%的仇恨以及约0.6%的暴力和煽动性言论得到管控。

(三)输出所谓民主产生恶果

美国政府不顾世界上不同国家和地区在经济发展水平和历史文化方面存在的巨大差异,将自己的政治制度和价值理念强加于人,推行"民主改造",策划"颜色革命",肆意干涉他国内政,甚至颠覆他国政权，造成灾难性后果。美国按照自己的形象塑造其他国家、"输出民主"的行为本身就不民主，从根本上违背了民主的核心价值理念。美式民主嫁接之地，不但没有产生"化学反应"，反而引发"水土不服"，导致许多地区和国家深陷动荡、冲突和战争泥潭。

1."颜色革命"危害地区和国家稳定

美国惯于打着所谓"民主价值"的旗号，大肆干涉别国内政，甚至策动政权更迭、扶持亲美政府。前美国中央情报局高官曾宣称"把人们塑造成为我们需要的样子，让他们听我们的。只要把脑子弄乱，我们就能不知不觉改变人们的价值观念，并迫使他们相信一种经过偷换的价值观念"。美国前国务卿蓬佩奥曾公开表示："我曾担任美国中央情报局局长。我们撒谎、我们欺骗、我们偷窃。我们还有一门课程专门来教这些。这才是美国不断探索进取的荣耀。"

美国已形成了一整套实施"和平演变"的套路：首先借所谓"文化交流"、经济援助、控制舆论等方式，为发动"颜色革命"制造舆论氛围，尽量夸大现政权的错误、弊端，以激起群众的不满和反政府情绪；同时，向民众灌输美国的价值观，使人们认同美国的经济政治制度；培养大量非政府组织，全方位培训反对派领导人，抓住重要选举或突发事件的时机，通过各种街头政治活动，推翻当地政权。

历史上，美国借"推广民主"之名在拉美推行"新门罗主义"，在欧亚地区煽动"颜色革命"，在西亚北非国家遥控"阿拉伯之春"，给多国带来混乱和灾难，严重损害世界和平、稳定和发展。

在拉美和加勒比地区，"美式民主"的美颜滤镜早已破碎，美国"民主典范"的自我表演充满了尴尬。1823年，美国发表"门罗宣言"，

附录
美国民主情况

宣称"美洲是美洲人的美洲",鼓噪"泛美主义"。此后,美国无数次打着"传播民主"的旗号,对拉美和加勒比地区进行政治干涉、军事介入和政权颠覆。无论是敌视封锁社会主义古巴近60年,还是颠覆智利阿连德政府等,都是"顺我者昌,逆我者亡"的霸权行径。

2003年起,东欧、中亚地区接连发生格鲁吉亚"玫瑰革命"、乌克兰"橙色革命"和吉尔吉斯斯坦"郁金香革命"。美国国务院公开承认在这些"政权更迭"中发挥了"中心作用"。2020年10月,俄罗斯对外情报局披露美国计划在摩尔多瓦掀起"颜色革命"。

始于2010年的"阿拉伯之春"造成整个中东地区的强烈震荡,而美国在其中扮演着幕后"操盘手"的重要角色。2011年《纽约时报》披露,少数由美国政府资助的核心组织正在"专制的"阿拉伯国家推广民主。参与"阿拉伯之春"的若干组织和个人曾从美国"国际共和研究所""国际事务民主协会"和"自由之家"获得培训和资助。埃塞俄比亚非洲和国际事务专家穆斯塔法·阿哈马迪在"金字塔在线"网站发表文章《应许之地》指出,埃及人民在奥巴马"现在就意味着现在"的口号煽动下推翻了穆巴拉克,但埃及人民也因政局变动付出了沉重代价。美国的所作所为使阿拉伯人民认识到,美国希望将一种刻板的民主模式强加于阿拉伯人,而不管他们的意愿如何。

环顾被美国强行"推销"价值观的国家,真正的民主、自由、人权不见踪迹,持久混乱、发展停滞和人道主义灾难却随处可见。美国对多国的价值观输出,阻断了这些国家正常的发展进程,阻碍了这些国家探索适合本国国情的发展道路和模式,给当地带来政治、经济、社会的强烈动荡,毁灭了一个个曾经美好的家园,滋生恐怖主义等长期后患,威胁和破坏地区乃至全球安全。正如法国《大晚报》所指出的,"民主"在美国手中早已成为对异见国家的"大规模杀伤性武器"。

美国在评价国内外民主方面秉持不同标准,是褒是贬由美国自说自话、随心所欲。2021年1月6日,美国发生冲闯国会山事件后,有位美国政客将其比作"9·11"恐怖袭击,声称这是对美国国会、宪法和民主"可耻的攻击"。但讽刺的是,2019年6月,此人却将发生在香港立法会的暴力示威活动描绘成"一道美丽的风景线",并对暴徒展现出的"勇气"大加赞赏,暴露出赤裸裸的"双重标准"。

2. 强推所谓民主造成人道悲剧

美国强制输出所谓民主,酿成多国人道灾难。美国发动长达20年的阿富汗战争让阿富汗满目疮痍,民生凋敝。据统计,总共47245名阿富汗平民以及6.6万至6.9万名与"9·11"事件无关的阿富汗军人和警察在美军行动中丧生,1000多万人流离失所。阿富汗战争毁坏阿经济发展基础,让阿富汗人民一贫如洗。

2003年,美国以所谓伊拉克持有大规模杀伤性武器为由,对伊拉克发动军事打击。战争导致的平民死亡人数有20万至25万人,其中美军直接致死的超过16000人,并造成100多万人无家可归。美军还严重违反国际人道主义原则,频频制造"虐囚"事件。时至今日,美国也拿不出所谓"伊拉克持有大规模杀伤性武器"的证据。

2016年至2019年,叙利亚有记载死于战乱的平民达33584人。其中,美国领导的联军轰炸直接致死3833人,有半数是妇女和儿童。美国公共电视网2018年11月9日报道,仅美军对拉卡市发动的所谓"史上最精确的空袭",就导致1600名叙平民被炸死。

2018年,美国以"阻止叙利亚政府使用化学武器"为由,再次对叙展开空中打击。但后来所谓叙利亚政府使用化学武器的证据，被证明只不过是美国等国情报部门资助的"白头盔"组织自编自演的摆拍视频而已。

3. 滥用制裁破坏国际规则

单边制裁是美国的对外大棒。长期以来，美国滥用自身金融霸权和技术优势，频频采取单边霸凌行径。美国制订了《国际紧急经济权力法》《全球马格尼茨基人权问责法》《以制裁反击美国敌人法》等国内恶法并炮制了一系列行政令直接对特定国家、组织或个人进行制裁，以"最低联系原则""效果原则"等模棱两可的规则任意扩大美国内法管辖范围，还滥用国内司法诉讼渠道对其他国家实体和个人搞"长臂管辖"，其中最典型的案例就是"阿尔斯通案"和"孟晚舟案"。据统计，特朗普政府累计实施逾3900项制裁措施，相当于平均每天挥舞3次"制裁大棒"。截至2021财年，美净制裁实体和个人高达9421个，较2000财年增长933%。美实施非法单边制裁与"长臂管辖"，严重损害他国主权安全，严重影响有关国家国计民生，严重违反国际法和国际关系基本准则。

2021年以来，美对外制裁没有收手。美国政府联合欧洲盟国加大对俄罗斯遏制打压，以纳瓦尔内事件、俄对美网络攻击、干预美大选等为由对俄实施全面制裁，并发动外交战，驱逐俄外交人员。在"北溪—2"天然气管道项目和数字税等问题上，美国制裁欧洲盟友也毫不客气。自中美第一阶段经贸协议生效以来，美国不断对华采取打压遏制措施，将940多个中国实体和个人列入各类限制清单。根据美财政部外国资产控制办公室数据，截至10月19日，美制裁含香港、澳门在内的中国实体和个人数量达391个。

美国塔夫茨大学教授、布鲁金斯学会高级研究员丹尼尔·德雷兹纳今年9月在《外交》杂志发表文章，批评美国历届政府将制裁作为解决外交问题的首选方案，非但起不到效果，还造成人道主义灾难，称"美利坚合众国"已成为"制裁合众国"。

美国实施单方面制裁，持续严重侵犯本国及他国人民的人权。其中最恶劣的例子就是对古巴持续实施封锁。60多年来，美国罔顾联合国大会的多项决议，基于通过禁运政策和《托里切利法》《赫尔姆斯—伯顿法》等国内法构筑起针对古巴的全面封锁体系，实施了现代历史上持续时间最长、程度最严厉的系统性贸易禁运、经济封锁和金融制裁，严重损害古经济社会发展，令古蒙受直接经济损失逾千亿美元。

自20世纪70年代末，美国对伊朗开始了长期封锁和制裁。40多年来，美单边制裁力度和频度不断加大，逐步形成以金融、贸易、能源和实体个人等多领域制裁为主要手段的严密体系，对伊朗施加全方位、多管齐下的制裁压力。2018年5月，美国政府单方面退出伊朗核问题全面协议，随后重启并新增一系列对伊制裁。许多国家和相关实体被迫放弃与伊合作，大批国外石油企业陆续撤出伊，伊制造业难以正常运行，经济增速下滑，同时造成通胀高企、货币大幅贬值。

美国还对白俄罗斯、叙利亚、津巴布韦等国实施多年制裁，加大对朝鲜、委内瑞拉等国"极限施压"。

4. "民主灯塔"招致全球批评

全球民众的眼睛是雪亮的，对于美国民主存在的种种缺陷、美国输出"民主价值观"的虚伪性以及美借民主之名在全球横行霸道看得一清二楚。

俄罗斯外交部发言人指出,美国早已习惯于自诩为"世界民主灯塔",要求别国人道对待和平请愿,但在自己国内却采取截然相反的做法,美国根本不是照亮民主的灯塔。美国政府首先应倾听本国民众呼声,不要一边在国内搞"猎巫行动",一边还道貌岸然地大谈别国人权问题。美国在人权和公民自由问题上根本没资格对别国指手画脚。

2021年5月,德国民调机构拉塔纳和由北约前秘书长、丹麦前首相拉斯穆森创建的民主国家联盟基金会在53个国家对5万多人进行的"2021年民主认知指数"调查结果显示,44%的受访者担心美国对本国民主构成威胁,50%的美国受访者担心美国是非民主国家,59%的美国受访者认为美国政府只代表少数集团利益。

2021年6月,英国伦敦大学政治学副教授克拉斯在《华盛顿邮报》发表文章《美国民主失灵令世界震惊》。文章援引的皮尤民调显示,美国不再是"山巅之城",美多数盟友将美国民主视为"破碎的过往",新西兰、澳大利亚、加拿大、瑞典、荷兰和英国分别有69%、65%、60%、59%、56%和53%的民众认为美国政治体制运行得不太好或者很不好。法国、德国、新西兰、希腊、比利时、瑞典等国均有超过四分之一的民众认为"美国从来都不是民主典范"。

民调机构"欧盟观点"发布的报告显示,欧盟对美国制度的信心下滑,52%的人认为美国民主制度无效,这一比例在法国和德国分别为65%和61%。

2021年9月,英国知名学者马丁·沃尔夫在《金融时报》发表文章《美国民主的奇异消亡》指出,美国的政治环境已走到快无法挽回的程度，民主共和国进一步向专制主义转变。

2021年11月，瑞典智库"国际民主及选举协助研究所"发布年度报告《2021年全球民主现状》，将美国首次列入"退步的民主国家名单"。该组织秘书长表示，美国民主状况明显恶化，体现为对可信的选举结果提出质疑的趋势愈发明显、对参与选举的压制以及日益严重的极化现象。

印度政治活动家亚达夫指出，美国并非"民主典范"，世界认识到美式民主急需自我反思，美国需向其他民主国家学习。墨西哥《进程》杂志评论称，在看似民主自由的表象下，美国民主制度存在巨大缺陷。南非比勒陀利亚大学政治学系高级讲师姆贝特在《邮卫报》上撰文称，自由和公平选举的许多标志，比如普遍的选民名册、集中的选举管理、统一的规则和条例，其实在美国系统中是缺失的。非洲人所接受民主培训中的良好选举行为在美国从未存在。

附 录
美国民主情况

结束语

山巅之城的美国,灯塔效应不再。

——《以色列时报》

当下的美国,对内应切实保障民众的民主权利、完善自身民主制度,对外应承担更多的国际责任,提供更多的公共产品,而不是对内只讲程序民主、形式民主而忽视实质民主和结果民主,对外将美式民主强加于人,以价值观为手段划分阵营,打着民主的旗号行干涉、颠覆、侵略之实。

当前,国际社会正在应对新冠疫情、经济增长放缓、气候变化危机等全球性紧迫挑战。面对这些风险和挑战,谁都无法独善其身,团结合作是最有力的武器。把民主一元化、绝对化、工具化、武器化,人为制造集团政治和阵营对立,这与同舟共济的精神背道而驰。

各国应该超越不同制度分歧,摒弃零和博弈思维,践行真正的多边主义,弘扬和平、发展、公平、正义、民主、自由的全人类共同价值,相互尊重、求同存异、合作共赢,共同构建人类命运共同体。

《人民日报》(2021年12月06日第15版)

(新华社北京12月05日电)